現代社会学のパースペクティブ

田野崎　昭夫 編

学文社

執筆者

加藤裕子　中央大学総合政策学部非常勤講師（第1章）
鍋山祥子　山口大学経済学部専任講師（第2章）
竹村祥子　岩手大学人文社会科学部助教授（第3章）
築山秀夫　長野県短期大学教養学科専任講師（第4章）
吉岡雅光　立正大学文学部教授（第5章）
江川直子　共立女子大学文芸学部非常勤講師（第6章）
間淵領吾　奈良大学社会学部助教授（第7章）
時井　聰　淑徳大学社会学部教授（第8章）
湧田英明　吉備国際大学社会学部教授（第9章）
田邊　浩　金沢大学文学部助手（第10章）
土方　透　聖学院大学政治経済学部教授（第11章）

執筆順

序　文

　本書は，私の大学院授業のなかで社会学の研究をともにしてきた諸兄姉が，すすんで自主的に書をまとめようと発意して計画がすすめられ，それにこたえて私が編集者となったものである。だから本当の編集者は執筆者のなかにいるといってよい。

　このようにして編まれた本書は，社会学の対象である現代社会の諸領域を，新しい視点からとりあげてアプローチしている。

　まず現代においてもっとも関心をもたれているジェンダーや介護の問題から迫っていき，このような身近の基本的問題を具体的にとりあげることをはじめとして，次第に多様な，家族，地域社会，学校，企業といった各種の領域へと対象を拡げていき，そして全体的原理的な普遍的問題へと考察をすすめながらも，しかもそれらの対象において変化変容の面をつねにとらえて統計資料等によって実証的に示すことをおこたっていない。このようにしてさらには，私たちが直面している現代とともに未来をも視野にいれて社会学そのもののあり方を検討している。

　思うに，私が研究をともにしてきたこれらの諸兄姉は，社会学という共通の領域と視点をたもちつつも各自の自由な関心を通して研究をすすめてきている。そのことが却って幸いして，このような社会学全般にわたって考察した本書の実現を可能にし，しかもみごとなまとまりをみせている。

　ここに執筆者諸兄姉のこれまでの研鑽をたたえるとともに今後もますます活躍されることを念願している。

2000年3月1日

田野崎　昭夫

目　次

第Ⅰ部　性と年齢へのパースペクティブ

第1章　近代化とジェンダー
　　　　――「親密な関係性」再編がもつ可能性とは？――……………3
　1. ジェンダーとその視角 …………………………………………………4
　　(1)ジェンダーとは　4／(2)フェミニズムと「ジェンダー」　5／(3)ジェンダー・パースペクティブ　7
　2. ジェンダー・パースペクティブでみた「近代」……………………9
　　(1)私的領域の形成と性支配　9／(2)近代家族と情緒性　11
　3. 親密な関係の再編――ジェンダー関係へのインパクト …………13
　　(1)近代化と関係性の変容　13／(2)「純粋な関係性」の探究　14／(3)ジェンダー関係に変革はあるか？　16

第2章　超高齢社会を目前に――誰が介護を担うのか？ ………………21
　はじめに………………………………………………………………………22
　1. 数字でみる，日本の高齢化状況 ………………………………………22
　2. 政策にみる，高齢者介護の担い手 ……………………………………24
　3. 家族介護とジェンダー …………………………………………………28
　4. これからの介護と福祉ミックス論 ……………………………………30
　　(1)公的ホームヘルプサービスと民間活力　30／(2)住民参加型在宅福祉サービス団体と参加型福祉　32／(3)福祉ミックス論と介護の担い手の実像　35

第Ⅱ部　家族と地域社会へのパースペクティブ

第3章　戦後日本の家族の変化――ふつうの家族はどう変わったか？――…43
　はじめに………………………………………………………………………44
　1. 人口学的な変化と戦後の家族 …………………………………………45
　2. 「人口の高齢化」はどんな家族形成理念をどう実現したか………46
　3. 少子化はどのように成立し，家族の変化とどうかかわるのか …49

4. 人口学的世代ごとのライフコースはどう変化したか …………………51
5. 離婚率の動向から家族崩壊や再構成の過程はよみとれるのか ………53
6. 結婚観や家族観はどう変わったか ……………………………………54
7. まとめ
　　—「今後, 日本の家族はどうなっていくか」をみていくための視点— …56

第4章　新しい地域社会の地平をめざして
　　——地域社会をいかにリストラクチャリングするか？——…………59

はじめに……………………………………………………………………………60
1. 地域社会の現在 ……………………………………………………………61
　(1)都市的生活様式の浸透・深化　61／(2)地方分権の推進—グローバリゼーションとローカリゼーションの狭間で—　62／(3)地域変動としての住民投票の動き　63／(4)市民活動の展開　64
2. 地域社会のリストラクチャリング
　　—NPOの成立と町内会のリストラクチャリング— ……………………66
　(1)NPOの成立背景と希求される地域社会集団の特性　66／(2)町内会とNPOの集団特性に関する比較　67／(3)町内会型組織のリストラクチャリング—松本市蟻ヶ崎西区町会を事例として—　70
3. 新しい地域社会の創造—多様な地域集団の協働を目指して— …………73

第5章　過疎地域の問題と再生——過疎の山村に未来はあるのか？——……81

はじめに……………………………………………………………………………82
1. 過疎とは ……………………………………………………………………83
2. 過疎地域の分布と偏り ……………………………………………………85
3. 過疎の進行と原因 …………………………………………………………87
4. 過疎地域の社会問題 ………………………………………………………89
5. 過疎対策とリゾート開発の幻想 …………………………………………91
6. 過疎地域の公益性と再生への道 …………………………………………95

第Ⅲ部　学校社会と企業社会へのパースペクティブ

第6章　教育問題と大人社会の変化 …………………………………105
　1. 教育の機能……………………………………………………………106
　2. 学歴社会の浸透・閉塞感……………………………………………107
　3. 現代社会で生じている学校教育の問題……………………………111
　　　(1)暴力行為　111／(2)いじめ　112／(3)不登校　115／(4)学級崩壊　119
　4. 家庭・地域社会における大人と子どもの変化……………………122

第7章　日本的雇用慣行をめぐる労働者意識の変化
　　　　――業績主義は労働者に支持されているのか？―― ………127
　はじめに …………………………………………………………………128
　1. 日本的雇用慣行とは…………………………………………………128
　2. 年功賃金制度に対する労働者意識の変化…………………………129
　3. 業績主義より努力主義………………………………………………131
　4. 不公平感の増加………………………………………………………132
　5. 不公平感の帰結………………………………………………………134
　　　(1)継続就業率の低下　134／(2)労働意欲の低下　135
　6. 今後の課題……………………………………………………………136

第8章　現代社会の余暇 …………………………………………………141
　はじめに …………………………………………………………………143
　1. 余暇社会希求の背景…………………………………………………145
　2. 労働時間と時短システム……………………………………………148
　　　(1)日本の労働時間の現状　148／(2)時短システム　151
　3. 新しい余暇活動の可能性……………………………………………155

目次　v

第Ⅳ部　現代社会のイメージと社会学へのパースペクティブ

第9章　コミュニケーションと社会 …………………………………………163
　プロローグ ……………………………………………………………………164
　1．コミュニケーション，そして「行為関連としての社会」について……164
　2．システムとはどのようなものか? …………………………………………165
　3．システムがコミュニケーションをデザインする…………………………167
　4．コミュニケーションと社会のデザイン―社会学の入口まで―………171
　　(1)古典古代や中世の社会の「まとまり」とはどのようなものか　173／
　　(2)近代社会に向かってシステムは自律していく　177
　エピローグ ……………………………………………………………………180

第10章　「新しいモダニティ」の条件
　　　　──社会はどこに向かっているのか？── …………………………185
　1．モダニティの社会学…………………………………………………………186
　2．モダニティとは………………………………………………………………187
　　(1)モダニティの特徴　187／(2)モダニティの制度分析　188／(3)モダニティのダイナミズム　191
　3．新しいモダニティ……………………………………………………………193
　　(1)社会の統合と再帰性　193／(2)時間と空間の分離，離床化と抽象的システム　196／(3)信頼とリスク　198
　4．ポスト伝統社会としてのモダニティ………………………………………201
　　(1)ポスト伝統社会とは　201／(2)個人化　201／(3)グローバリゼーション　203
　5．モダニティを生きる…………………………………………………………204
　6．モダニティに向き合う………………………………………………………206

第11章　社会の学問……………………………………………………………211
　1．対象把握の不可能性…………………………………………………………213

2. （対象としての）全体の不可能性……………………………216
 3. （主体としての）自己同一性の不可能性………………………218
 4. 同一性から差異性へ……………………………………………221
 5. 自己関係的な知…………………………………………………224
 結 ……………………………………………………………………226

あとがき ………………………………………………………………229
索引 ……………………………………………………………………232

第 I 部

性と年齢へのパースペクティブ

第 1 章　近代化とジェンダー
―――「親密な関係性」再編がもつ可能性とは？―――

性別に関係なく一列に並ぶ子どもたち。ジェンダー・アイデンティティは通常3歳ごろまでに獲得されるというが，2歳の彼（女）らにとって，男の子，女の子という性差の基準はまだ絶対的な意味をもつものではない。ましてや性差に基づいて優劣をつけたり，不平等な関係性がつくられるなどということはない。現代に生きるわれわれは，この2歳の子どもたちの姿に示唆されるような，性差が絶対的基準とならない対等な関係性をつくっていけるのだろうか？

1. ジェンダーとその視角

(1) ジェンダーとは

　人は男女いずれかの性をもって誕生する。しかしこの生まれもった身体的・解剖学的な意味でいう性差がその後の個人の態度や意識や行動をあらかじめ決定付けるわけではない。すなわち，人は「女として」「男として」生まれるわけであるが，「女として」「男として」育つこととは別である。

　もともと文法用語であった「ジェンダー」が生物学的な性差を示す「セックス」とは別の用語としてフェミニズムに導入されたのは1970年代後半とされている。先天的で生物学的な性差を示す「セックス」に対し，「ジェンダー」は後天的に獲得される社会的・文化的・心理的性差をいう。しばしば我々は日常生活の中で，生物学的な「男 male」「女 female」が「男らしさ masculinity」や「女らしさ femininity」と不可分であるかのような錯覚を起こしがちである。しかしセックスがジェンダーの決定因子となるのではなく，性別に対する自己認知（ジェンダー・アイデンティティ）や社会意識が性別に適合的とされる意識・態度・行動を発達させていくことがこれまで数多くの研究において明らかにされてきている。

　1960年代から1970年代にかけて精神分析学や性科学の分野で男女の性差に関する研究は行われてはいたが[1]，セックスと識別されたジェンダーという用語が社会科学の俎上に載ることになったのは1975年のジョン・マネー＆パトリシア・タッカーの『性の署名』が契機であるとされている。マネーらは，ジェンダー・アイデンティティ障害の研究として，「セックス」と「ジェンダー」を概念的に独立させてジェンダーの生物学的還元説を否定し，また，ジェンダー・アイデンティティが容易には転向できないその拘束力の強さを明らかにした。社会学におけるジェンダー概念の採用においてはアン・オークレー（1974）やナンシー・チョドロウ（1978）が挙げられる。オークレーは「労働者

階級の女性が専業主婦に変わったことこそ産業革命のもたらしたもっともドラマチックな結果である」[2]という指摘をして専業主婦の創出を重視し,チョドロウは女性のジェンダー・アイデンティティの形成に対して「マザーリング(母親業)」のもつ機能を強調した。これ以降社会的に形成されていく性差=「ジェンダー」に関する研究が数多く発表されることとなり,「ジェンダー」概念は急速に普及・定着していった[3]。

(2) フェミニズムと「ジェンダー」

「ジェンダー」は極めて近代主義的概念であるといわれる[4]。そして「ジェンダー」概念の成立には,近代のなかで誕生したフェミニズム運動が密接に関係している。

女性解放論であるフェミニズムは歴史的に二つの大きな波を経験した。第一の潮流はフランス革命に由来する近代啓蒙思想の中で,19世紀中頃から20世紀初頭にかけて欧米を中心に展開されたものである。ルソーに代表される近代啓蒙思想は万人の「自由・平等・独立」を唱える一方で生物学的性差を根本的差異として捉え,女性は男性の従属的存在であることを説き,自由・平等を享受できる権利の枠外に位置づけた。つまり近代思想は人間を「自由・平等・独立」な存在にするために人間と社会の改革を主張するものであったが,旧い秩序から解放したのは男性であり,その解放は家族とくに女性の抑圧を前提とすることによって可能とするものであった。ルソーは『エミール』(1762)で,女性は男性の自由・平等・独立を実現させる義務を担い,女性自身の存在の価値と意義は男性との関係のなかで見出すように教育されるべきことを主張している[5]。しかし,近代思想は女性を固定的に抑圧の対象としてつくり上げた一方で女性解放思想の土壌ともなり,女性にも近代市民としての権利を要求させる道を開いた側面をもつ。すなわち,ここで男女間の差別化と同時に解放思想の創出をもたらしたという近代の両義性が指摘できる。そして近代啓蒙思想の内包する差別性を批判・告発し,婦人参政権運動に象徴されるような法律上の平

等を主たる目標とした，いわば女性の近代的な人権や平等思想を要求する運動へと発展していった最初の潮流が第一波フェミニズムとよばれるものである[6]。第一波フェミニズムはある程度の目標の達成を持って一度は終息したが，しかしその後の約半世紀後にあたる1960年代に再びフェミニズムが勃発することになる。この1960年代から1970年代に生じた第二のフェミニズムの潮流を第二波フェミニズムという。第二波フェミニズムでは，第一波フェミニズム終息後も女性の社会的地位が実質的な変化を伴わないことに対する疑問から，制度上の問題にとどまらず，性差別の支柱となっている「家庭責任」や「女らしさ」を根本的に問い直していった。

第二波フェミニズムの火付け役となったのは，白人中産階級の女性の「名も無い問題 problem that has no name」を指摘し社会的に大きな反響をもたらした，ベティ・フリーダンの『新しい女性の創造』(1963) である。この著作は，一見裕福で教養もある主婦層のもつ漠然とした不安や不満の源泉が「女らしさ」をもとめる社会的規範にあることを指摘し，女性が個人として生きていくことを提唱したものである。フリーダンの貢献は，かつてのフェミニズムが看過してきた「私的領域」に焦点を当て，社会規範やこれによって規定され拘束される性役割意識にまで言及した点である。こうした家庭における妻・母役割などの女性役割への異議申立てによって，男性性・女性性とは何かという根本的な問題提起が行われるようになり，女性解放への関心が高まるとともに，問題の焦点が性差の根拠へと向けられるようになった。

「ジェンダー」はこうした第二波フェミニズムのなかで導入され，フェミニズムにとって理論的支柱となった。「ジェンダー」概念の導入によって，それまで生まれながらに決定付けられ変えることのできない生物学的な性差と未分化に議論されてきた性別役割分業を，「変革の対象」として議論の俎上に載せることを可能にした。第二波フェミニズムを土壌として誕生した「ジェンダー」概念は，女性の社会的地位の変革を求める運動にとって不可欠の概念となっただけではなく，さまざまな次元の性別秩序がいかに構成されているのかを分析する

フレイムとしても大きく貢献することとなった。

(3) ジェンダー・パースペクティブ

　ジェンダー概念は，フェミニズムに理論的拡充と新たなパースペクティブをもたらし，女性や性差をめぐる議論の発展に大きく寄与した。1980年代末ごろからは「ジェンダー」を単なる分析の一概念として使用するだけではなく，「ジェンダー研究」という研究領域としての展開がみられるに至った。主として従来のフェミニズム理論ないしは女性学が女性の性差別に関心を向けてきたのに対して，ジェンダー研究では男女を二分する社会構造や秩序の解明などの男女両性を視野に含むことが強調される。こうした視点の移行ないしは展開を井上輝子は「性役割研究からジェンダー研究へ」と整理している[7]。

　また同様に，鎌田とし子ら（1999）もジェンダー研究の新たな動向として社会的・文化的に特定の性差の刻印を受けた男女両性の関係性を問う「ジェンダー関係」という視角の重要性を指摘している。

　フェミニズムにジェンダー概念が導入されてからの理論的展開を，ジェンダー・パースペクティブの三つの段階として整理しているのは江原由美子（1995）である。これに依拠しながら，ジェンダーの視角のもつ意義と可能性について概観してみることにする。

　ジェンダー概念の導入によって，まず，性別をどのように把握するのかといった「性別観」に変革がもたらされた。すなわちこれまでの「生物学的性差」還元主義といった一元的な性別観を排し，「性役割」論として発展させることができるようになったのである。そもそも役割理論は固定化された相互期待に基本的に規制されている社会構造を分析するためのアプローチであるが[8]，これをジェンダー分析に適用して「男性役割」「女性役割」といった性差に基づく役割の視点を導き出した。「性役割」論は，社会的期待によってつくられていく男女の行動上の違いや，「社会化」によって性差を基準にした社会関係に個人が組み込まれていく過程を明らかにしていった。これが第一のジェンダー・パース

ペクティブに相当するものである。しかしながらこのパースペクティブの問題点としては,「女性役割」「男性役割」という用語の根底に「普遍の生物学的土台の上に,可変的な社会の上部構造がそびえたつ,という発想が潜んでいる」[9]というコンネルの指摘に簡潔に示されているように,セックスとジェンダーの区別のなかに生物学的性差が社会的・文化的性差に先行するという前提が潜んでいた[10]。

「性役割」論の次段階に当たる第二のジェンダー・パースペクティブは,「性役割」論では十分に把握ができなかった社会構造や男女の権力関係への視野の拡充である。その方法は「知」の問い直しというようなものであり,従来普遍的・中立的なものとして置かれてきた歴史・芸術・文学・科学といったさまざまな「知」の領域に隠蔽されてきた男性中心主義を発見するといった方法である。このパースペクティブは,ラディカルフェミニズムやマルクス主義フェミニズムに代表されるフェミニズム理論の発展を導いた。「知」への問い直しは,従来個人の問題に解消されがちであった「性役割」論の背後にある社会構造や権力関係を明らかにするといった理論的方向性を生み出した。しかしながら一方でこうした「ジェンダー」概念の使用は,単に「性別」を示したり,あるいは「女」の同義語として片面的性格をもった言葉としてのジェンダー概念を導くことにもなった。

そして今日のジェンダー研究の動向にあたる第三のパースペクティブとは,男女の権力関係を含意した「性別秩序」ないしは「ジェンダー関係」という視角である[11]。これは単に性差にもとづく役割を記述するというようなものではなく,「アイデンティティのカテゴリーとしての女や男についての主観的及び集団的意味がどのように構築されてきたか」[12]を問う視点であり,男女間の差異についての「知」とその「知」に基づいて形成される(権力関係をその内に含む)社会関係及び社会構造の形成や変動を考察するパースペクティブである。「性役割」論では男女の関係の相補性がイメージされがちであったのに対しこのパースペクティブのもとでのジェンダーは,男女の権力関係が積極的に含

意されている。さらに生物学的差異との関係においては，たとえば子どもが生殖能力をもったり生殖行動を知る以前からジェンダーという形式をおしつけられるように，生物学的性差とは異なる固有の日常行動のレベルが存在し，むしろジェンダーは生物学的差異に先行すると捉えられ，生物学的差異は日常行動のレベルで処理されているといったほうが適切となる[13]。さらにこうした視点は男女二分法という認識や思考そのものの問い直しという議論にもつながり得る。

以上のように「ジェンダー」はより重層的な意味とパースペクティブをもつ概念として発展してきた。次節では，一連のジェンダー・パースペクティブによって明らかにされてきた，近代化とジェンダーとの関係について論じながら，ジェンダー関係を構築し維持させてきた情緒性について言及する。

2. ジェンダー・パースペクティブでみた「近代」

(1) 私的領域の形成と性支配

産業革命をひとつの指標とする近代化の過程は，生活領域を公的領域／私的領域へと分化させ，前者に男性を後者に女性を配置して「男は仕事，女は家庭」といった性別役割分業を進行させてきた。近代化ならびに産業化はそれまでの伝統的な家内生産様式の下では未分化であった生産と消費の機能を分離させただけではなく，家事・育児など労働力や生命の生産にかかわる再生産労働を専ら女性に充て，生産労働の中核に男性を位置づけた過程でもある。

ただし，産業化初期の段階での主たる賃労働の担い手は，成人男性ではなく女性と子どもであった。しかしその後の産業化進行の過程で，「工場法」をはじめとする労働者保護立法が制度化されたことにより，女性と子どもにかわって労働市場の中心には成人男性が置かれることになる。女性と子どもを労働市場から撤退させることは同時に成人男性に女性・子どもを扶養できるだけの賃金（生活給）を支払うことをともなわせた。上野千鶴子（1990）は，生活給は資本

制にとって不必要なコストではあったが，その代わりに家族を安定的に維持させ，労働市場の存続すなわち資本制の維持・発展にとって不可欠な構成要素である再生産領域の確保を実現させたとしている。こうした資本制の発達の過程で私的領域（家族）は再生産労働の場として分離し，そこに女性は配置させられ無償労働を担うに至ったとされる[14]。

　以上のとおり近代は，表の領域としての公的領域とそれを支える裏の領域としての私的領域という相互補完的で不均等な社会を構成させた。この相互補完的なシステムは，まさに近代の経済システムとしての資本制と前近代から引き継いだ支配の体制としての家父長制の妥協の産物といえるものである[15]。近代化は伝統的支配の体制を崩壊させたのではない。家父長制[16]による性支配の再構築の過程であったと捉えられる。つまり，産業化の過程は地域や親族関係を基盤とする共同体を解体させてはいったが，前近代社会の伝統的支配体制である男子年長者による支配という前近代的制度を私的領域のうちにそのまま残した。性差にもとづく不平等は連続的であり，近代社会は生産労働を請け負う公的領域と再生産労働を請け負う私的領域の分化という社会構造の変化をともなって性に基づく不平等構造は再編成されたにすぎない。しかも私的領域である近代家族という愛の共同体を生み出したことによって，その不平等性が巧妙に隠蔽されてしまった。

　私的領域における性支配に着目したのがラディカル・フェミニズムである。「個人的問題は政治的である」というスローガンのもとで，愛情で結ばれ，権力からの解放区として捉えられてきた近代家族の男女の不平等に目を向けた。男性による女性の支配は，結婚や強制的異性愛，母性などの私生活を規制している社会制度が関係しており，愛情・感情・情緒という内面的なものをともなわせることで，性支配が維持され再生産されている。あたかも自然とみなされていた領域における差異化の規範こそが女性の抑圧の源泉なのであり，この源泉となる領域とは，すなわち近代家族なのである。したがって，近代家族の解読を進めることは，ジェンダー関係を構成している社会規範や社会秩序への接近

を可能にすることでもある。

(2) 近代家族と情緒性

　近代化によって分離した公的領域と私的領域は，それぞれ合理性と情緒性という規範特性をともなっていた。私的領域の情緒性は非合理的であることを意味するが，市場原理が通用しない労働はすべて私的領域において情緒という規範で処理された。近代化の過程を私的領域（家族）についてのみ言及するならば，「近代化は家族を情緒的絆を軸とした親密な関係性の領域として再編成した」ともいえるだろう。情緒的絆を軸としてヘテロセクシャリティにもとづく男女の関係性に基礎づけられた家族は，決して普遍的な存在ではなく，歴史的・文化的に構成されてきたものであることが数々の歴史学等の研究により明らかにされている。

　たとえばショーター（1975）は，統計データや民衆の生活記録の分析から18世紀末の資本市場主義が，「①ロマンス革命 ②母子の情緒的絆 ③世帯の自律性」という三つの感情革命をもたらしたことを明らかにし，なかでも「母性愛」をその中心として強調した。

　また，アリエス（1960）は，中世ヨーロッパにおいて子どもは「小さな大人」として家族を超えた共同の社会生活に属していたとし，近代の家族は子どもをめぐって組織化されてきたことや，子どもが守られるべき存在であるとともに愛情を注ぐべき対象であるという認識も近代の産物であることを示した。

　ショーターならびにアリエスのこうした指摘は，親から子どもへ注がれる愛情が普遍的なものではないという新たな視点を提供し，近代家族が内包する規範―愛情―を大きく問うきっかけとなった。

　男女の情緒的絆を示す「ロマンティック・ラブ」は，当事者の選択の自由に基づいて形成され，その結実としての婚姻は個人の間で取り結ばれる関係として強調されてきたあまりに，関係性の根底に存在する不平等構造を隠蔽してきた。一見対等な自由選択の結果に見える婚姻も実際には，女性の家庭への隷属

をもたらし，女性に愛情の義務を一方的に背負わせてきたのである。また，もうひとつの重要な情緒性として挙げられる「母性」は，女性の生理的機能である「産む性」と不可分であるがゆえに女性の本質的性質として語られ，女性を私的領域に閉じ込めて近代家族を支える最も大きな機能を果たした。このように私的領域である「近代家族」の問い直しによって，ロマンティック・ラブや母性に支えられた「愛情に結ばれた家族」というイメージ自体が近代の産物であることが明らかにされてきた。同時に，性愛は「母性」（生殖）を実現させる前提となっていたがゆえに，男女というヘテロセクシャルな組み合せも自明視されてきたとして，問い直される対象となった。

　近代家族モデルを支えてきた「情緒性」のもつ最大の特徴は，個人の「自由な選択」としてみなされる点である。たとえその情緒性さえも，「性別秩序」と関連し社会的に規定されつくり上げられたものであっても，個人の自由な選択の結果としてみなされてしまう。したがって近代家族についての問い直しは，「自由な選択とは何か」「愛情に基づく関係性とは何か」という親密な関係性に対する問いである。またこうした問いは近代家族が自明の前提としていた男女という性の二元的図式に対する問いでもある。つまり近代家族はヘテロセクシャリティを前提とした情緒性に出発し，性別役割分業を正当化させてきた。しかしひとたび近代家族ならびにそれを基礎づけてきた情緒性が問われることになれば，男女というヘテロセクシャルな組み合わせも，また，これに基づき構成されてきた不平等な関係性も同時に問われることになる。このように「近代家族」が問われはじめた現代，パーソナルな領域である親密な関係の領域にも変容の兆候が現われはじめているという。次節では現在我々が親密な関係性の領域で直面している変容とはいかなるものか，また，その変容はジェンダー関係にどのようなインパクトをもたらす可能性を秘めているのかを考えていきたい。

3. 親密な関係の再編——ジェンダー関係へのインパクト

(1) 近代化と関係性の変容

　ギデンズは近代化の進行に伴う親密な関係性の変容について論じ[17]，現代社会はこれまで自明とされてきた基準が問われ大きな課題に直面していることを示した。以下ギデンズの議論に基づいて近代化の過程のなかでどのように親密な関係性の領域が形成され，変化しつつあるのかを考えていくことにしよう。

　まず前近代から近代への移行は，人々の関係性の形成の基準を根本的に変えるものであった。すなわち前近代社会において取り結ばれる関係性は個人の人格に基づくものではなく，伝統的な地域共同体や親族関係のなかで予め用意されたものであった。自らの努力や働きかけによって獲得されるようなものではなく，帰属的に決定されていたのである。

　近代化はたしかに前近代の伝統や慣習から人々を解放させた。しかしそれと同時に人々は共同体や親族関係などの伝統的な社会が用意していてくれた信頼関係の基準をも失うことになった。したがうべき基準の無くなった個人は，自ら働きかけて関係性を形成していかなくてはならない必要性に迫られた。そこで前近代社会が用意してくれた基準に代わって登場したのが性役割規範である。近代化の初期の段階ではこの性役割規範が伝統的基準に代わる新たな基準となって人々の関係性を取り結んだ。「男／女」の二分法的カテゴリーにしたがって自らのアイデンティティを発達させ，自分はいかなる存在であり，いかに生きればいいのか，誰とどのような関係性を取り結ぶべきかといった自己確認と人生の選択，そして関係性の形成に至るまで伝統的基準に代わって新たに台頭した性役割規範に従うことで自らの存在の安定化（ontological security）を図った。性の二重規範[18]を受容し，男性が仕事に没頭し女性が家事や育児に固着したのも，自己の存在意義を見出すための過程である。親密な関係の領域もこうした性役割規範の基準に従って構成された。「男／女」という組み合わせ

によって実現される「母性」(生殖行為)やその前提となる「ロマンティック・ラブ」(ヘテロセクシャルな関係)という観念は親密な関係性の領域に浸透し，性役割規範を支えるための基軸となっていった。

　換言すれば，前近代から近代への移行は，「男／女」という二元的な図式を前提として情緒性(ロマンティック・ラブ，母性)を軸にした性役割規範という新たな基準にしたがって，人々が人生を解釈し，関係性を取り結んでいった過程であったといえるだろう。したがって近代における親密な関係性の領域も性役割規範を基盤として形成されたのである。

　しかし，近代化の一層進行した現代では，この性役割規範の基準も問われ，揺らぎはじめてきているという。《愛する人と結婚して，愛する人との間に子どもをつくり，愛情に満ちた家庭を築く》という性役割規範を支えてきた物語が十分に機能を果たせなくなってきたのである。性役割規範の問い直しは，性別役割分業を正当化させてきた「ロマンティック・ラブ」や「母性」という二つの情緒性に対する問い直しへとつながり，性役割規範を基盤として構成されてきた親密性の領域の自明性を揺るがしはじめた。

　性役割規範は前近代社会における伝統的基準にとってかわる外在的基準であった。現代はこうした外在的基準が失われつつある時代として位置づけられる。もはや人々は「男／女」という二元的な図式のなかで人生を選択し，関係性を取り結ぶことに十分な意義を見出せなくなってきたのである。それでは現代に生きる人々はいかにして人生を解釈し，関係性を取り結んでいくのか。これが現代人が直面している課題なのであり，まさに現代は親密性の領域の変革期にあるといってもいいだろう。

(2)　「純粋な関係性」の探求

　したがうべき外在的基準がなくなった現代では，自己の内在する基準によって生活様式も関係性も選択するしかない。つまりは「なぜそれを選択したのか」を絶えず問いながら自己のアイデンティティを確保するとともに，関係性にお

いても「誰とどのような関係を取り結ぶか」といったことを絶えず確認していかなければならない。こうしたなかで求められてきた関係性をギデンズは「純粋な関係性 pure relationship」と呼んでいる。「純粋な関係性」とは，関係を取り結ぶという目的のための関係性であって，関係性からもたらされる満足感が継続される限りにおいて維持される関係性である。近代化初期の段階に生じた愛情関係であるロマンティック・ラブは，恋愛結婚という制度として社会に組み込まれ，近代家族を形成してきた。しかし「純粋な関係性」は，外在的な基準や制度から完全に切り離された情緒性を軸とした平等で自由な関係性を意味する。その関係性の意義は関係性のなかだけに内在するのであって，それゆえに絶えず関係の意味を確認する作業の積み重ねでもある。現代はこうした平等で自由な関係性，すなわち「純粋な関係性」の模索と探求がはじめられたところであり，その探求は主に女性や同性愛者などに顕著である。

　では，なぜ現代において近代初期において採用された性役割規範という基準が問われ，「純粋な関係性」探求へと人々を向かわせることになったのだろうか。

　その理由として近代社会における高度な技術の発達がさまざまな知識の伝達を普及させることを可能にしてきたことが挙げられる。伝統的な社会では「これまでやってきたこと」をただ再解釈したり明確化したりすることに限られていたわけであるが，近代以降の技術の発達は，知識を情報として時間空間を超えて伝達させていくことを可能にした。その結果，近代の社会生活は，新たに得た情報によってつねに吟味され，改善され，目新しいものをそれが目新しいというだけで取り込むのではなく，常に省察が行われるといった意味問い直し作業の連続となる。ギデンズはこうした反省的な意味の問い直しとそれに基づいて人々が選択を行い社会を形成するところに現代社会の特性を見出している[19]。こうした反省的な意味の問い直しは自己自身や関係性にも向けられ，自己や関係性を不断に再構成していくことにつながっていく。

　これまで蓄積されてきたフェミニズムの「知」の貢献は，現代を生きる人々

の関係性を直接問うものであった。男女それぞれの生き方を問い，関係性に潜む不平等を問い，近代家族を支えてきた「愛情」を問い，これまで自明とされてきた親密な関係性に対する反省を促してきたといっていいだろう。こうした「知」はマスコミなどの情報媒体を通じて自己自身や親密な関係性についての「知」となって，人々のリアリティを再編成していくことにつながる。すなわち，性役割規範にしたがった自己ならびに関係性の変革が始まったのである。

またギデンズは，ロマンティック・ラブに代わって「純粋な関係性」を形成するための新しい愛の形として「コンフルエント・ラブ confluent love」を提唱する。「永遠」で「唯一無二」な（異性）愛を強調するロマンティック・ラブに対して，コンフルエント・ラブは，相手が同性であるか異性であるかは問題ではない。また，唯一絶対的な愛情などというものではなく，偶発的で能動的な愛情であり，「今，誰とどういう関係であるか」という意味づけだけが問題となってくる。したがってある関係に十分な満足を得られなくなれば新たな関係を求めることが可能な可変性をもつ。現代は，ロマンティック・ラブに基づいた近代家族から，こうしたコンフルエント・ラブに基づいた「純粋な関係性」へと人々の親密な関係の領域が移行していると示唆されているのである。

(3) ジェンダー関係に変革はあるか？

ギデンズの議論に依拠すれば，現代に生きる人々は対等で自由な関係（純粋な関係性）の構築へと向かっている。しかもその関係は「男／女」というカテゴリーを超えて形成される。この意味で「純粋な関係性」はパーソナルな領域におけるジェンダー関係の再編と，「男／女」という二元的な図式からの解放の可能性ももっている。しかも自由・平等を希求した個人的な領域における民主化は，ギデンズ自身が「親密な関係性の変容は，近代の諸制度全体を崩壊させるような影響力をもおそらくもちうる」と述べるように[20]，同時にマクロな社会秩序の変革の可能性ももっている。関係性の民主化なくしてマクロな社会秩序の変革は不可能であるというギデンズの主張である。

近代化にともなって強調されてきた情緒性は，近代家族を支え不平等なジェンダー関係を正当化させてきた。しかし近代化の一層の進行（すなわち現代社会）は，情緒性がより重要な課題となって，平等で自由な関係性を探求する方向性を生みつつある。そこには男女というカテゴリーはもはや意味をなさないし，男女のカテゴリーを設定することの意味もが問い直される対象となる。実際に「純粋な関係性」が達成できるのかどうかはここでは問題にしない。ここで問題にしているのは現代に生きる我々の親密な関係性の領域がどのような方向性をもって変容しつつあるのか，そしてこうした親密性の変容からいかなるジェンダー関係の変革の可能性が考えられるかという点である。

　現代日本における変化の現象として，しばしば取り上げられるものとして，少子化や未婚化がある。その要因について簡略して述べることは難しいが，根本的な要因のひとつに，「子ども」をもつことの意味の変化と結婚の意味の変化が挙げられるだろう。《愛する人と結婚して，愛する人との間に子どもをつくり，愛情に満ちた家庭を築く》という近代社会が用意した幸せの物語が現代の日本社会でも揺らぎはじめている。ただ一度の結婚や子どもをもつことが幸せの条件であるということへの問い直しは，結婚の延期や回避，事実婚やDINKSの創出をもたらし，個人は多様な生き方の選択肢を用意して，そのなかで模索がはじまっているのではないだろうか。こうした一連の現象にともなって，あるいはこれらの現象を引き起こす根本的な要因として，性役割規範に基づいた従来の親密な関係性の問い直しと再編成が生じているとみなすことは十分可能である。この意味で親密な関係性の変容は確かに生じているものと考えられるし，その変化の方向性も決して現実の動向から離れているとは思えない。また親密な関係性の再編は，パーソナルな領域のみならずマクロな社会構造も含めて今後のジェンダー関係の変革に一定のインパクトをもたらす可能性もまた十分あるだろう。

注

1) たとえばロバート・ストラーによる『セックスとジェンダー』(Stoller, Robert J., *Sex and Gender* vol. I (1968), vol. II (1975)) などがある。(山本哲士, 1990)
2) オークレー (1986) 訳：65 ページ
3) 日本では「ヴァナキュラー・ジェンダー vernacular gender」という概念を使用したイリイチの一連の著作の影響が大きい (1982・1984)。男女の差異や関係の相補性を前提として前産業社会を過度に理想化するという彼の論は多くの批判とともに,「ジェンダー」を普及させる大きな契機となった。
4) 土場 (1990) は，社会的・心理学的・文化的レベルにおける性差としてのジェンダーは，近代社会主義的な解釈によってイデオロギー的に構築されたものであると指摘する。(土場 (1999) 40-70 ページ)
5) 水田珠枝 (1973) 45-55 ページ, 水田珠枝 (1979) 36-73 ページ
6) メアリー・ウイストンクラフト『女性の権利の擁護』(1792) が近代啓蒙思想の差別性を告発したことでフェミニズムの端を発したことから，女性解放運動の思想的先駆者といわれる。
7) 1970 年代, 1980 年代では「性役割」概念が中心であったが 1980 年代末以降になると「ジェンダー」概念中心に移行した。(井上輝子, 1990)
8) コンネル (1993) 94 ページ
9) コンネル (1993) 97-98 ページ
10) こうした批判はデルフィー (Delphy, Christine) らによって提出された (目黒, 1990)
11) 江原由美子は第三のパースペクティブを「性別秩序」という表現を使用している。
12) スコット (1992) 23 ページ
13) コンネル 133-140 ページ
14) この辺りの議論は上野 (1990) 163-183 ページ, 上野 (1985) 32-38 ページに詳しい。
15) 上野 (1990) 184 ページ／(1985) 32 ページ
16) フェミニズムにおける「家父長制 (patriarchy)」は，ウェーバーの用法の「家父長制 (patriarchalism)」とは異なる。ウェーバーの用法では家の支配原理と権威関係をあらわす実体的な概念で，伝統的支配の典型例を指すものであり，一方フェミニズムでは，多義的ではあるが，「性に基づいて，権力が男性優位に配分され，かつ役割が固定的に配分されるような関係と規範の総体」(瀬地山 (1990) 80 ページ) という定義にもみられるように，男性支配のシステムを広く捉えた概念である。「家父長制」概念を最初に導入したラディカル・フェミニズ

第1章　近代化とジェンダー　19

ムにおいてはイデオロギーや規範といったシンボリックな意味で用いられていたが，マルクス主義フェミニズムでは「物質的基盤」を強調する。
17) ギデンズは性愛を媒介として成立する社会関係を親密関係といい，その親密関係の特性（すなわち親密性）が現代社会では大きく変わりつつあることを論じている。（ギデンズ，1991，1992）
18) 女性と男性で課せられる性規範が異なること。
19) こうした反省的な意味づけを reflexivity（再帰性・反省性などと訳されている）とよび，ギデンズは近代化を再帰性の拡大と捉えている。Reflexivity の議論については，ギデンズ（1990）36－45（訳：53－63 ページ）／（1991）10－34 ページ，70－108 ページ。
20) Giddens（1992）3 ページ（訳：14 ページ）

参考文献

Aries, Philippe, 1960, *L'Enfant et la vie familiale sous l'Ancien Regime*, Seuil.（杉山光信・杉山恵美子訳，1980，『〈子供〉の誕生』みすず書房）
Chodorow, Nancy, 1978, *The Reproduction of Mothering: Psychoanalysis and the Sociology of Gender*, The University of California Press.（大塚光子・大内菅子訳，1981，『母親業の再生産―性差別の心理・社会的基盤』新曜社）
Connell, R. W., 1987, *Gender and Power: Society, the Person and Sexual Politics*, Polity Press.（森重雄・菊地栄治・加藤隆雄・越智詞訳，1993，『ジェンダーと権力―セクシュアリティの社会学』三交社）
土場学，1999，『ポスト・ジェンダーの社会理論』青弓社
江原由美子，1995，「ジェンダーと社会理論」井上俊・上野千鶴子・大澤真幸・見田宗介・吉見俊哉（編）『岩波講座・現代社会学 11　ジェンダーの社会学』岩波書店
Friedan, Betty, 1963, *The Feminine Mystique*（1982 Penguin）（三浦冨美子訳，1965，『新しい女性の創造』大和書房）
Giddens, Anthony, 1990, *The Consequences of Modernity*, Stanford University Press.（松尾精文・小幡正敏訳，1993，『近代とはいかなる時代か』而立書房）
Giddens, Anthony, 1991, *Modernity and Self-Identity*, Stanford University Press.
Giddens, Anthony, 1992, *The Transformation of Intimacy: Sexuality, Love and Eroticism in Modern Societies*, Polity Press.（松尾精文・松川昭子訳，1995，『親密性の変容』而立書房）
Illichi, Ivan, 1981, *Shadow Work*, Marion Boyars.（玉野井芳郎・栗原彬訳，1982，『シャドウ・ワーク』岩波書店）
Illichi, Ivan, 1982, *Gender*, Marion Boyars.（玉野井芳郎訳，1984，『ジェンダー』

岩波書店）
井上輝子，1992，『女性学への招待』有斐閣
Illichi, Ivan, 1999,「女性学のセカンドステージとジェンダー研究―女性学の再構築に向けて」女性学研究会（編）女性学研究第5号『女性学の再構築』勁草書房
鎌田とし子・矢澤澄子・木本喜美子「総論 ジェンダー研究の現段階」鎌田とし子・矢澤澄子・木本喜美子（編）『講座社会学14 ジェンダー』東京大学出版会
水田珠枝，1973，『女性解放思想の歩み』岩波書店
水田珠枝，1979，『女性解放思想史』筑摩書房
宮本孝二，1998，『ギデンズの社会理論―その全体像と可能性』八千代出版
目黒依子，1990，「性・ジェンダー・社会―1990年代の課題」女性学研究会（編）女性学研究第1号『女性学の再構築』勁草書房
Money, John, and Patricia Tucker, 1975, *Sexual Signatures: on Being a man or a woman*, Little Brown.（朝山新一・朝山春江・朝山耿吉訳，1979，『性の署名―問い直される男と女の意味』人文書院）
Oakley, Ann, 1974, *House Wife*, Allen Lane.（岡島茅花訳，『主婦の誕生』三省堂）
Scott, Joan. W., 1988, *Gender and the Politics of History*, Columbia University Press.（荻野美穂訳，1992，『ジェンダーと歴史学』平凡社）
瀬地山 角，1990，「家父長制をめぐって」江原由美子（編）『フェミニズム論争―70年代から90年代へ』勁草書房
Shorter, Edward, 1975, *the Making of the Modern Family*, Basic Books.（1987 田中俊宏・岩橋誠一・見崎恵子・作道潤訳，1987，『近代家族の形成』昭和堂）
上野千鶴子，1985，『資本制と家事労働―マルクス主義フェミニズムの問題構制』海鳴社
上野千鶴子，1990，『資本制と家父長制―マルクス主義フェミニズムの地平』岩波書店
Wollstonecraft, Mary, 1792, *A Vindication of the Rights of Woman*, London.（白井堯子訳，1980，『女性の権利の擁護』未來社）
山本哲士，1990，『ジェンダーと愛―男女学入門』新曜社
吉澤夏子，1996，「家族の未来」大澤真幸（編）『21世紀学問のすすめ3・社会学のすすめ』筑摩書房

第2章　超高齢社会を目前に
―― 誰が介護を担うのか？ ――

人生最期の時まで，自分の「生」に自信と誇りが持てるような社会。それを可能にするのは何か？支えるのは誰か？個人の幸せを考えるとき，個人を取り巻く社会のしくみを考えざるを得ない。私たちは社会のなかでしか生きてゆけないのだから。

はじめに

　ここのところ毎日のように，新聞やテレビで「高齢者」[1]「高齢化」「高齢社会」という言葉が取り上げられている。さほど気にとめていなくても，「何だか日本はこれから大変なことになるのでは？」と，漠然とした不安を感じている人が多いのではないだろうか。

　同じ「高齢化」という現象を扱うにしても，経済学，政治学，社会学，医学，法学など，いろいろなアプローチの仕方があり，さらに，同じ社会学においても，組織論，コミュニティ論，ジェンダー論，政策論など，いくつもの視点が存在する。この章では，とくに「高齢者介護」に焦点を絞り[2]，筆者が高齢者介護という場面において何を検証しようとしているのか，という問題意識を明らかにしたい。

1. 数字でみる，日本の高齢化状況

　最初に，日本の高齢化の状況をデータでみてみよう。総務庁の人口推計によると，1999年9月15日現在の65歳以上の高齢者人口は2,116万人で，総人口に占める65歳以上の割合を示す高齢化率は16.7％，これは6人に1人が65歳以上であることを意味している。さらに今後も日本の高齢化は進み，高齢化率が21％を超え「超高齢社会」[3]と呼ばれるようになるまでにさほど時間はかからない。国立社会保障・人口問題研究所による1997年1月推計の将来推計人口では，2008年に日本は「超高齢社会」となり，その後まもなく2015年には，4人に1人が高齢者という状況が目前に迫っているのである。

　また，75歳以上になると，自立して日常生活を送るのが困難になる者が年を追って急上昇する。高齢者を前期高齢者（65～74歳）と後期高齢者（75歳以上）とに分けると，前期高齢者は2016年をピークに減少する一方で，後期高齢者は

増加を続け，2022年には前期高齢者人口を上回るものと予測されている。今後の高齢者全体の増加もさることながら，とくに要介護率が高くなる後期高齢者の増加が，超高齢社会への危機感をいっそう高めている（図2-1）。

次に，他国の高齢化の状況と比較することによって明らかになる，日本の高齢化の特徴とは何だろうか。図2-2をみるとわかるように，現在までの日本の高齢化率自体は他国に比べ，さほど深刻なものではない。しかし，高齢化率が7％から14％になるまでに要した年数[4]を比較してみると，フランスの115年を筆頭に，スウェーデンが85年，アメリカが72年のところ，日本はわずか24年である。他国が長い時間をかけて高齢社会への移行を経験するなか，日本は急速な高齢化による社会の変化に直面している。このように，日本の高齢化の特徴はそのスピードの極端な速さにあり，高齢化率もあと数年で世界でもトップクラスの水準にまで達する見込みである。

こうした日本の高齢化状況のなかで，現在，政府は新たな高齢者福祉政策を

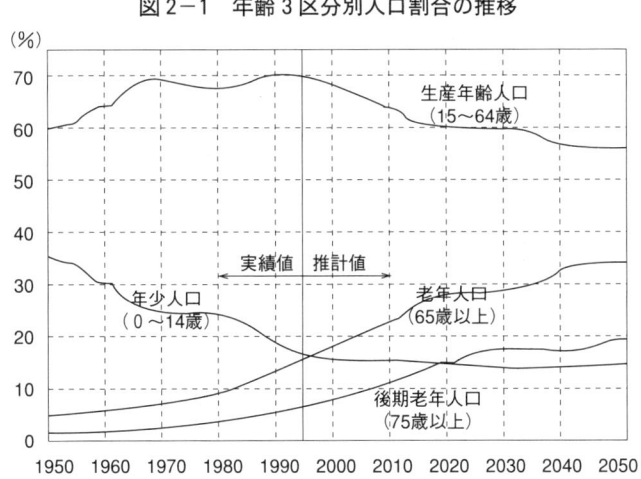

図2-1　年齢3区分別人口割合の推移

資料）厚生省国立社会保障・人口問題研究所『日本の将来推計人口』
　　　（1997年1月推計・中位推計）

図 2-2　名国の高齢化率の推移及び予測

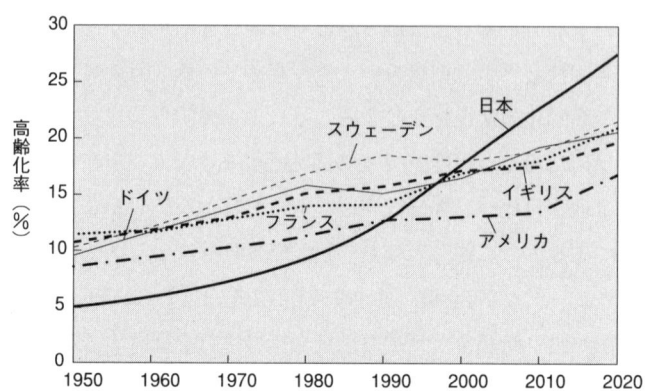

	1960	1980	2000	2020	倍化年数（高齢化率7％→14％）
日本	5.73 ％	9.10 ％	17.24 ％	26.85 ％	24年　（1970→1994）
アメリカ	9.19	11.19	12.43	16.27	72年　（1942→2014）
フランス	11.64	13.97	16.24	20.76	115年　（1864→1979）
ドイツ	11.52	15.60	15.88	20.05	40年　（1932→1972）
スウェーデン	11.97	16.29	16.68	20.95	85年　（1887→1972）
イギリス	11.68	15.08	15.75	19.08	47年　（1929→1976）

資料）国立社会保障・人口問題研究所『人口統計資料集』1998

慌ただしく推し進めようとしている。そこで政府はどのような超高齢社会像を描いており、それは今後の高齢者の生活にとって、どのような変化を意味するのか。まずは、これまでの高齢者福祉政策の変遷をたどり、高齢者介護の担い手として誰が想定されていたのかを明らかにする。

2. 政策にみる，高齢者介護の担い手

　日本の福祉政策において、その対象が「高齢者」とされた最初のものは、1963年に制定された「老人福祉法」である。それまで、古くは1874年の「恤救規

則(そく)」から，1929年の「救護法」を経て，第二次世界大戦後の1950年につくられた「生活保護法」に至るまで，福祉政策の対象は，労働能力を欠き親類縁者からの援助ものぞめない「生活困窮者」であった。その後，高齢者人口の増加や社会・生活環境の変化を背景にした高齢者特有の問題が顕在化するなか，国家による高齢者福祉の必要性が認識され，「高齢者全般」を対象とする老人福祉法が制定された。

しかし，老人福祉法の制定当初は，要援護高齢者を施設に入所させるという施設福祉を中心とする施策がとられており，実質的には救貧的な性格を引きずったものであった。つまり高齢者福祉に関して，個人やその家族の自助努力によって老後を過ごすことが可能であり，基本であるという認識が根強かったのである。

1960年代後半になり，さらなる高齢者人口の増加とともに，「寝たきり老人」問題などの高齢者とその家族が直面する身体的・精神的困難が危機感をもって語られるようになる。医療の進歩等による寿命の伸長が現実のものとなり，高齢者福祉が所得の多寡に関係なく誰にでもおこりうる身近な課題として注目されるようになっていった。このような福祉ニーズの変化に対応するため，1970年代に入ると，それまでの施設福祉から在宅福祉へという高齢者政策の転換が打ち出されていく。

この「施設福祉から在宅福祉へ」という転換については，ノーマライゼーションの理念と国家財政上の問題という二つの視点から捉える必要がある。まず，ノーマライゼーションという考え方は，1960年以降北欧諸国を中心にして，知的障害者の施設収容への反発から誕生した。今日では世界的に広まったこの理念は，要援護者を地域社会から隔離された施設に収容するのではなく，必要な経済・住宅・教育などの水準を保障することによって，地域社会において通常の市民生活を営むことを可能にしようとするものである。高齢者福祉においてもこのノーマライゼーションの理念が導入され，要援護の状態になってもできるだけ長く，住み慣れた住居において援助を受けながら生活を送るとい

う，在宅福祉の方向が目指されたのである。そして，老人福祉法に規定された老人家庭奉仕員派遣事業として1963年にスタートしていたホームヘルプサービス事業に加え，在宅福祉を支援するための施策として，高齢者にも1978年にショートステイ事業，1979年にデイサービス事業が開始され，いわゆる在宅三本柱の体制が整えられた[5]。

次に，財政上の理由としては以下のような流れがある。1973年は「福祉元年」といわれ，政府は老人医療の無料化を実施するなど，「経済成長第一主義から福祉優先へ」という姿勢をみせた。しかし，同年秋の第一次オイルショックを契機として日本経済は停滞を始め，戦後の高度成長期から低成長期へと変化を遂げることになる。この経済不況に対する危機感から，1975年頃から財政の合理化を目的とする福祉の引き締め，すなわち「福祉見直し論」が叫ばれるようになる。1979年に閣議決定された「新経済社会7ヶ年計画」では，「高度成長下の行財政を見直して，施策の重点化を図り，個人の自助努力と家庭及び社会の連帯の基礎のうえに適正な公的福祉を形成する新しい福祉社会への道を追求しなければならない」とされ，あくまでも福祉の基本は個人・家族・地域であることが確認された。こうして財政の合理化，つまりは社会保障費の削減の名の下に，要援護者の生活を丸抱えする施設福祉に比べより安く上がる，自助努力の上に成り立つ在宅福祉へという転換が図られたのである。経済の低成長期に構築された，この「日本型福祉」と呼ばれる福祉観については次節で詳しく考察する。

在宅福祉については1980年代に入ってから重点的に議論され始め，在宅福祉サービスの整備は1990年代になってから本格化し始める。1989年3月に出された福祉関係三審議会合同企画分科会の「今後の社会福祉のあり方について」という意見具申では，社会福祉の新たな体制づくりの基本として，① 市町村の役割重視，② 在宅福祉の充実，③ 民間福祉サービスの健全育成，④ 福祉と保健・医療の連携強化・総合化，⑤ 福祉の担い手の養成と確保，⑥ サービスの総合化・効率化を促進するための福祉情報提供体制の整備，という6点が挙げ

られた。それを踏まえて，同年12月「高齢者保健福祉推進十か年戦略（ゴールドプラン）」が発表され，1999年度までの10年間に市町村において達成すべき在宅福祉サービス（ホームヘルパー・ショートステイ・デイサービスなどの整備拡充）や施設整備などの具体的な数値目標が掲げられた。また，1990年の老人福祉法及び老人保健法の一部改正によって，都道府県と市町村に「老人保健福祉計画」を策定することが義務づけられ，そのための調査を通じて明らかになった地域ごとの高齢者福祉ニーズの把握をもとに，1994年「新・ゴールドプラン」として整備目標が上方修正された。しかし，財政面の不足などを大きな理由として，多くの市町村では新・ゴールドプランで定められた整備目標の達成は困難な状況であった。そのようななか，今後の日本の高齢者福祉体制を大きく変える「介護保険法」が1997年12月に成立し，2000年の4月から公的介護保険制度が開始されることとなる。

以上のような在宅福祉体制の強化の動きとともに重要なのは，高齢者福祉体制の要として市町村が中心的な役割を担わされてきたということである。権限という側面では，もともと市町村の単独業務であった在宅福祉施策に加え，1986年と1990年の段階的な老人福祉法の改正によって施設福祉の事務も市町村に委譲され，その結果，市町村が在宅・施設福祉とを併せた統一的な高齢者福祉の担い手となった。また，先述した「老人保健福祉計画」の策定が市町村に課されたことにより，もっとも生活者に近い立場にある「地方自治体」として，現状に即した計画行政の担い手という位置づけがなされた。さらに公的介護保険制度に至っては，市町村が保険者となり，被保険者である高齢者の要介護認定[6]や，介護保険財政の管理運営を行う運営主体となる。そこでも「介護保険事業計画」を作成し，地域における計画的な介護サービスの供給体制を整備することが定められている。これは老人保健福祉計画のながれをくむ市町村による計画行政の推進である。

そもそも公的介護保険制度は，従来の高齢者福祉政策とは決定的に異なる性質のものである。一つ目は，これまで「行政処分」として税金を使い措置され

ていた高齢者介護サービスを,「社会保険方式」によって運営するというもので, 基本的に被保険者である高齢者はサービスを提供する事業者との自由契約によってサービスを受けることが可能になる。これによって, 与えられる福祉から自分で選ぶ福祉へという, 権利意識に基づいた福祉が実現することになる。二つ目は, 直接の介護サービス提供者として, 積極的に民間事業者の参入を受け入れたという点である。戦後の社会福祉改革において定められた「公私分離の原則」[7] によって, これまで社会福祉は公的責任において担われるべきであるとされてきた。そのため民間事業者, とくに営利企業の介護サービスの普及は極端に抑制されてきたという経緯がある。しかし公的介護保険制度においては, 一定の基準を満たし, 都道府県知事によって指定を受けた事業者[8]であれば介護サービスの提供を行うことができる。裏を返せば, 民間事業者に積極的に市場を開放することによって, 新・ゴールドプランで達成できなかった介護サービスの充実を狙っているともいえる。

　介護の社会化を目指すといわれるこの公的介護保険制度も, 実際には要援護高齢者がたった一人で, 公的介護保険の給付限度額内の現物給付のみによって在宅で生活を維持するのは不可能である。そこで想定されているのは, あくまでも家族介護の存在を前提とした家族介護支援である[9]。その意味で日本における在宅福祉は, 要援護者が介護サービスを受けながら一人でも自宅で生活ができる, という本来の意味での在宅福祉と呼べるものではない。

3. 家族介護とジェンダー

　このように日本での高齢者介護政策をたどってくると, 高齢化に対する危機感と経済停滞に対する危機感との狭間で,「自助・互助」の精神が奨揚され, そのなかで「家族」が高齢者介護の担い手として取り残されてしまった感が拭えない。この「日本型福祉」と呼ばれる, 1980年代以降の社会福祉の方向性を決定づけた考え方の背景にあったものはなにか, 具体的に考察する。

日本型福祉社会という政府の構想は，戦後日本が目指しつつあった西欧型の福祉国家モデルからの決別を意味していた。そこでは，公的福祉の拡大による社会保障支出の増加を伴う「福祉国家」への危機感から，個人の自助努力や家庭，地域社会との連帯を基礎として，市場から購入できるサービスを利用し，国家は最終的な保障を提供するという「福祉社会」システムが提唱されていた。「日本型」とされているのは，年老いた親と同居する率が高い日本の家族のあり方を，古来からの醇風美俗であり日本のよさであり強みであるとして，積極的に「福祉の含み資産」と位置づけているからである。

　1979年に自由民主党が出した政策研修叢書『日本型福祉社会』では，老親の扶養や介護は子ども家庭の責任において行うべきであるとし，そのためには「家庭機能の見直しと強化」が必要だと主張されている。そして，老親を家庭内において同居家族が支える，という家庭機能が将来にわたって日本型福祉社会の支柱となりうるかどうかは，「家庭のあり方，とりわけ『家庭長』である女性の意識や行動の変化に大いに依存している」という。このような考えのもとで，もし女性が家庭内のことよりも，外での仕事や社会活動に専心するならば，「人生の安全保障システムとしての家庭が弱体化するのではないか」という危惧が表明されている。

　こうしてみてくると，日本型福祉社会の基礎となる「家庭機能の見直しと強化」が何を意味するのかがよくわかる。それは，女性は外で仕事をするのではなく，あくまでも家庭での世話労働に従事すべきである，という性別役割分業の強化，つまりは女性の家庭内における世話役割の強制に他ならない。家族だのみの日本型福祉社会は，「親孝行」という言葉に巧みに包まれた女性だのみの高齢者介護体制を意味するのである。

　さらにここで注意すべきは，日本型福祉社会論において，家庭機能として老親介護が明確に位置づけられているということである。しかし，そもそも長期にわたる「高齢者介護」という現象自体が，戦後の医療の進歩などによって創出されたものであり，きわめて最近の現象である。したがって，老親との同居

率が高いという事実がそのまま，日本では昔から高齢者介護は家庭内において問題なく行われてきた，ということにはならない。にもかかわらず，日本型福祉社会論では，あたかも女性の社会進出によって家庭における福祉機能が低下し，高齢者が家庭内で介護を受けることが困難になってきたかのような印象を与えている。性別役割分業を強化し，高齢者介護までもを女性役割として固定しようとする日本型福祉社会論において想定されている女性の一生とは，「孝」や「愛」という言葉で覆われた，誰かのために尽くす人生である。結局のところ，日本型福祉社会がたのみにしている「家庭基盤の充実」とは，高まる高齢者介護ニーズを家庭内において処理させようという目論みに他ならない。

現実には，今後も続く急速な高齢化の進行に加え，長期にわたる高齢者介護という現象の出現によって，性別役割分業を強化することで，家庭内の女性に無償労働の延長として高齢者介護を担わせようとすることは到底不可能である。それを考えると，高齢化の加速を目前に控えた1980年代以降，幻想とも思えるような「家庭基盤の充実」を基礎にした日本型福祉社会論を展開し続けたことの罪は大きいといわざるを得ない。さらに前節でも触れたように，公的介護保険制度に至ってもなお，要援護高齢者が受けることのできるサービスの程度は，家族介護者の存在を前提としていることは周知の事実である。ここでの家族介護者とは誰を意味するのか。それを考えるとき，日本型福祉社会の幻影はいまだに消えてはいないことは明らかである。

4. これからの介護と福祉ミックス論

(1) 公的ホームヘルプサービスと民間活力

これまで，戦後日本における高齢者福祉政策のながれと，1970年代後半から展開されてきた日本型福祉社会論の考え方についてみてきた。では，高齢者介護の現場において，実際に誰が要援護者の介護に携わっているのか，そして今後はどうなっていくのか。とくに要援護高齢者の在宅での生活に不可欠なホー

ムヘルプサービスの供給主体に焦点を絞って検証していく。現在，高齢者へのホームヘルプサービスを行っている主体は，市町村・民間営利団体・民間非営利団体，の三つに大きく分けることができる。さらに，サービス供給の経路からすると，公的な在宅福祉サービスとしてのものと，利用者が個人的に団体と契約をするものとがある。

　高齢者への公的なホームヘルプサービス事業が開始された1963年当初，サービスの供給主体は基本的に市町村に限られており，援助内容も，虚弱で家族介護の望めない低所得高齢者のための家事援助を中心とするものであった。その後，加齢に伴う身体的介助の必要性を有する高齢者の増加などから，1982年にホームヘルプサービスの派遣対象が所得税課税世帯にも拡大され，同時に世帯所得に応じた費用負担がサービス利用者へ課せられるようになった。現在ではその援助内容も食事・排泄・衣類着脱・入浴・身体の清拭などを介助する「身体介護」と，調理・洗濯・掃除・必需品の買い物などを行う「家事援助」，その他の「相談・助言」など，きめ細やかな対応が目指されている。

　また，ホームヘルプサービスの供給主体については，市町村の直営から外部委託へという転換をみせた。「民間活力導入」というこの動きは，日本型福祉社会論の高まりと並行するかたちですすめられた。1981年7月の第一次答申から1983年3月の最終答申まで，全部で五つの答申が提出された第二次臨時行政調査会（以下「臨調」）では，1980年代に推し進められた行政改革の基本方針が決定された。そのなかで1982年に出された第三次答申において，「活力ある福祉社会の建設」のためには「自立・互助・民間の活力」が基本であるとされ，これまで公的責任においてなされていた社会保障の分野に，積極的な民間の参入の必要性が強調されたのである。ここでの「民間」には，ボランティア活動などの市民活動と，規制緩和や撤廃によって実現される民間企業の活動とが含意されている。この臨調での方針が基本とされ，その後次々と在宅福祉サービスにおける民間活力導入路線が展開されていく。

　民間企業への働きかけの具体的なあらわれとして，1985年1月の社会保障制

度審議会の建議「老人福祉の在り方について」では,「行政がいたずらに民間企業の排除や規制を行ったり,それと競合するようなサービスの提供をすべきではない。公的部門が責任をもって提供すべきサービスであっても,支障のない限り適正な管理のもとに,民間に委託することを考えるべきである」と,明確に民間委託への方向が示された。この後,1987年に厚生省の指導のもと「社団法人シルバーサービス振興会」が設立され,高齢者福祉分野での民間企業の活動に関する具体的な基準などが定められた。さらに同年,福祉関係三審議会合同企画分科会の意見具申「今後のシルバーサービスの在り方について」では,公的部門の社会福祉サービスは基本的には,国民の切実なニーズに対応するものなので,広い意味における市場機構を通じての民間サービス供給が期待できないものに対して行われるべきであると,公的部門と民間部門の役割と範囲の棲み分けを明確にした。

　このような民間活力の導入・促進の動きのなかで,当初,社会福祉協議会にのみ委託が認められていたホームヘルプサービスも,1989年の「家庭奉仕員派遣事業運営要綱」の改定により,「在宅介護サービスガイドライン」の要件を満たす民間企業や,その他,福祉公社や社会福祉法人などの民間団体[10]への委託が可能になった。こうしてホームヘルプサービスの外部委託はすすみ,厚生省の調査によると1997年度末時点ではホームヘルパーを設置している3,250市町村の88.4%にあたる2,872市町村において事業の委託が行われている。これはホームヘルパーの数でみると,実に90.4%ものヘルパーが行政からの委託を受けて活動しているということになる[11]。ただし,行政の委託を受けていない民間企業によるホームヘルプサービスの提供は,かなり高額になり利用者が制限されるため,本格的な民間企業の参入は公的介護保険制度の開始を待たなければならないのが現状である。

(2) 住民参加型在宅福祉サービス団体と参加型福祉

　次に,「民間活力」のもう一方の柱である市民活動についてその展開をみてみ

る。ここで注目すべきは、「地域住民がその地域の生活支援を必要とする人へ、受け手と担い手が同じ会員制で、低額のお金を介在させるシステムにより、在宅福祉サービスを提供していくという、新しいタイプの住民活動」と定義される「住民参加型在宅福祉サービス団体」と呼ばれるものである。住民参加型在宅福祉サービス団体は、団体活動で得られた利潤を団体関係者に分配しないという意味での「非営利性」において営利企業と区別され、「民間非営利団体」に分類される。その活動員はボランティア精神に基づきながらも、全くの無償ではなく、交通費などの実費や低廉な報酬金を受け取るという仕組みから、当初「有償ボランティア」ともいわれ、無償性とボランティア精神の関連について多くの議論を生んだ。1980年代からあらわれ始めたこのような団体による福祉活動やサービス提供量は年々拡大し、1980年代末では全国で120ほどだった団体数も、1997年には1,183団体、活動員は10万人を超えると推定され[12]、公的サービスではカバーできない、地域の生活者のニーズを解決するのに大きな力となっている。

　このような住民参加型在宅福祉サービス団体の台頭にみられる高齢者福祉への住民参加の動きについて、行政は積極的な姿勢をとってきた。前掲の建議「老人福祉の在り方について」(1985年)で、「一部の地域で非営利団体や会員制の相互扶助組織などの活動が見られるが、今後こうした団体の活動がより活発になることも期待される」と関心を持って語られているのをはじめとして、1988年に閣議決定された「世界とともに生きる日本―経済運営五カ年計画―」では、高齢者介護の担い手として「いわゆるシルバーサービス等の民間サービスを健全育成するとともに、ボランティアや個人の相互協力を基礎とした市民の自発的公共活動を促進する」と、市民活動を介護の担い手として積極的に取り込もうとする姿勢が示されている。そして、ボランティア振興に向けての国レベルでの本格的取り組みとして、1993年4月厚生省によって「国民の社会福祉に関する活動への参加の促進を図るための措置に関する基本的な指針」(以下「基本指針」)が、またこれに基づいて同年7月には中央社会福祉審議会地域

福祉専門分科会の意見具申「ボランティア活動の中長期的な振興方策について」(以下「振興方策」)が出された。
　まず「基本指針」において, 住民参加型在宅福祉サービス団体の活動を「ボランティア意識を基礎とした新しい取り組み」と評価し, 従来のような一方的な奉仕活動としてのボランティアではなく, コミュニティづくりの基礎としてボランティア精神を位置づけた。そして,「地域社会の様々な構成員が互いに助け合い交流するという広い意味での福祉マインドに基づくコミュニティーづくりを目指す」として地域福祉の推進が目標とされた。「振興方策」においては,「参加型福祉社会」という言葉が掲げられ,「地域住民やさまざまな団体が, 主体的に参加し, ともに築き合い, 支え合って創り上げていく」福祉社会が目指された。そのなかで, 住民参加型在宅福祉サービス団体については,「住民の福祉活動への参加を容易にする有力な選択肢であり, 福祉コミュニティを育むものとして, また, 住民の福祉ニーズを受け止める供給組織として, 一層の発展が期待されるところであり, その自発性を尊重しつつ支援に努める必要がある」として振興の重点課題に挙げられたのである。
　こうした行政側からの働きかけや市民の関心の高まりから, 現在に至るまでのあいだ, 着実に住民参加型在宅福祉サービス団体のような民間非営利団体の活動は多様化, 活発化してきた。しかしその一方で, 現行民法の仕組みから, このような非営利団体が「法人格」を得るのは難しく, ほとんどが「任意団体」として活動をしているという実状があり, 団体の社会的信用の問題や契約・事務処理時に法人格の必要性が認識されるようになっていた。そのような折, 1995年の阪神・淡路大震災でのボランティアの活躍が契機となり, 民間の非営利団体が容易に法人格を取得できるようにすることで, 社会的信用と責任を与える道を開き, 活動の活発化を促すという「特定非営利活動促進法」いわゆるNPO法が1998年3月に成立した。また, 公的介護保険におけるホームヘルプサービスの担い手として, 指定居宅サービス事業者となる条件としても法人格の所有が挙げられていることからも, 行政が目指してきた高齢者福祉への「民

間活力の導入」の体制が，ここに来てほぼ整ったといえよう。

(3) 福祉ミックス論と介護の担い手の実像

　本節においてこれまでみてきた一連の高齢者福祉政策の方向は，「福祉ミックス論」「福祉多元主義」ともいわれるものである。それは，政府や自治体を主体とした「公的システム」と，競争原理にのっとった営利企業による「市場システム」と，家族やボランティアや非営利団体によって担われる「インフォーマル・システム」という三つのシステムを，それぞれの長所を生かすように最適に組み合わせ，有効に機能させることによって，よりよい福祉社会を実現しようという考え方である。またとくに福祉ミックス論の特徴としては，従来の福祉国家論においてはほとんど取り上げられなかった非営利組織の活動などによるインフォーマル・システムを重視している点であり，市場システムと併せて，福祉の担い手としての民間参加の意義を強調している。

　しかしここに，65歳以上の死亡者の看取りをおこなった介護者についてのデータがある。主に介護を担っていた者はその66.8%が世帯員，つまり同居家族である。それに同居以外の親族によるものを含めると要介護高齢者の7割以上が，家族介護に頼っていた実像が明らかになる。さらに，家族介護者の内訳をみてみると，「妻」が31.6%，「長男の妻（嫁）」が27.6%，「娘」が20.0%となり，実にその79.2%が女性によって担われているという実状がみえてくる（表2-1）。

　また，住民参加型在宅福祉サービス団体の担い手を対象に1992年12月に実施された「住民参加型在宅福祉サービス担い手調査」[13]によると，実際にサービスの提供を行っている人のほとんどが女性で，その比率は96.0%にものぼる。年齢構成は二十代，三十代はわずかで，中心となっているのは四十代後半から六十代前半の人々である。ここから，子育てに一段落した主婦が，自分の住む地域において，ボランティア精神に基づき低廉な対価でホームヘルプサービスを提供している姿が浮かんでくる[14]。

この圧倒的な介護労働の女性化の傾向は，民間営利企業においても同様である。1993年7月から高齢者向けにホームヘルパーの派遣を開始した株式会社ベネッセコーポレーションを母体とするベネッセ介護センターでは，1999年末時点でホームヘルパーとして登録している人の9割以上を女性が占めている[15]。

このように，現状の高齢者介護はそのほとんどが女性によって担われている。「日本型福祉社会論」から「福祉ミックス論」へと形を変えながら動いている日本の高齢者介護体制が，「それまで家庭内で女性によって行われていた介護を，単に場所を変えて，家庭外で担わせているだけのこと」という批判を受けるのは，そのためである。住民参加型在宅福祉サービス団体などのインフォーマル・システムが活発化する中で，「家族への愛」として無償で行われていた介護労働が，今では「ボランティア精神」によって低廉な報酬と引き替えに遂行されている。そして，両者の背景にある，男性が賃金を稼ぎ，それに養われている女性が世話行為をするという性別役割分業に何ら変わりはないのである。福祉ミックス論の可能性がいくら声高に訴えられても，高齢者介護の担い手が圧倒的に女性であるということ，また，金銭的に市場の論理とは相容れない価値観のもとで活動をする多くの女性の存在を前提にしている，という事実があることを忘れてはならない。

表2-1　高齢者の主な介護者

世帯員	66.8%	→世帯員または世帯員以外の親族 (100.0%)	
世帯員以外の親族	5.5%	夫	5.0
病院・診療所の職員	16.4%	妻	31.6
その他	5.6%	長男	4.4
不詳	5.7%	長男の妻（嫁）	27.6
		長女	15.5
		長女の夫	0.3
		長男以外の息子	1.2
		長女以外の娘	4.5
		その他	9.3
		不詳	0.5

資料）厚生省大臣官房統計情報部『人口動態社会経済面調査報告』1995年度

こうした問題点を踏まえつつ今後着目すべきは，公的介護保険制度の開始にともない巨額の介護報酬が，営利，非営利の別を問わず，高齢者介護に携わる団体に入ってくるということである。このとき，それらの団体で実際に介護を担うホームヘルパーの労働条件には，どのような変化が生じるのだろうか。同じ介護労働をするにも，営利・非営利の違いも含め，どのような団体に属するのかという新たな選択の余地が生じるかもしれない。また今後，要介護高齢者の増加に伴い，介護の担い手もそれだけ多く必要になる。賃金や労働保障などの雇用条件が向上し，介護労働者全体の数が増した場合に，介護労働者は社会的評価を確立することができるのか。そして，介護労働に関する現在のようなジェンダー格差はどう変わっていくのかという動向を注意深く見守らなくてはならない。

　「介護」という現象を抜きにしては，みずからの老後をイメージすることが困難になってきた現代，将来に向かって「今」という時を有意義に過ごせる社会を築こうとするならば，もしも介護が必要になったときの体制を整備しておかなければならない。われわれにとっての真の意味での豊かな日々は，決して誰かの犠牲のうえには成り立ち得ないからである。

注

1) 「高齢者」とは誰を指すのか，というもっとも基本的な問いがある。高齢化の進んだ国では，国際的にも社会統計上，65歳以上を高齢者と呼ぶことで合意がみられ，日本も例外ではない。しかし実際には，年齢と身体感覚（老化の自覚）や社会関係（仕事の有無など）は，個々人によって大きな違いが存在するのも事実である。

2) 「高齢化」や「高齢者」について考えるとき注意しなければならないのが，「高齢者＝介護・扶養の対象者」という固定概念を捨てることである。これについては「社会老年学」にみるべき成果が多いが，これまでもっぱら同別居家族から扶養される対象として捉えられてきた高齢者像を改め，高齢者の個人的な社会的ネットワークに着目することによって，高齢者の生活者としての実像がみえてくる。この大前提を踏まえたうえで，本論文ではとくに高齢者のなかでも，介護が必要になった場合に焦点を絞って論じる。

3) 高齢化率が7%に達した社会を「高齢化社会」, 14%に達した社会を「高齢社会」, 21%に達した社会を「超高齢社会」という。
4) このように高齢化のスピードをあらわす数値は倍化年数とよばれ, 基準となる高齢化率（本稿では7%）に到達した年から, 2倍の高齢化率（14%）に達する年までに要した年数によって算出される。高齢化率10%から20%もよく使われる指標である。
5) 介護者による自宅での介護が難しくなった場合, 要援護者を一時的に施設に入所させるショートステイ事業は最初, 1976年に心身障害者（児）を対象に始まった。また, 一日のうちの一定時間をデイケアセンターなどの通所施設で過ごし, 入浴や食事リハビリなどのサービスを受けるデイサービス事業が, 1977年に重度身体障害者を対象に始まった。
6) 被保険者が保険給付をうける要件を満たしているかどうかを確認するためにおこなわれる認定。「要介護度」と呼ばれる6段階の介護の必要性に応じた支援限度額・保険給付額が定められている。
7) 連合国軍総司令部（GHQ）によって提示され, その後, 憲法89条や社会福祉事業法のなかで規定された。公的扶助は公的責任において行い, 民間に転嫁することを禁じるという原則。しかし一方で, 民間事業者に対する公的な「委託」は, 公的責任の転嫁にはあたらないとする解釈も存在し, その結果, 大部分の介護サービスが, 社会福祉協議会や社会福祉法人などの市町村が決めた「委託業者」によって提供されているという現状にある。
8) 「指定居宅サービス事業者」と呼ばれ, 指定要件は①法人格を有すること, ②厚生省令で定める人員基準を満たしていること, ③厚生大臣が定める設備運営基準を満たしていること, とされている。この他に「指定居宅介護支援事業者」などがある。
9) しかし, 介護保険制度開始の2ヶ月前になって, 厚生省は訪問介護サービスのうちの「家事援助」について, 家事の遂行が可能な同居家族がいる場合は原則的には利用を認めないとする考えを示した。これは, 保険給付において, 高齢者の心身の状態のみを問題とし, 家族や収入の状況を考慮しない, とする介護保険制度の基本理念に反するものである。この決定の背後には, 「家族が高齢者の面倒を看るのは当然」という日本型福祉論における家族観となんら変わりのない思想があり, 介護保険制度の家族介護支援という姿勢さえ否定するものである。
10) 具体的には, 「市町村社会福祉協議会」「特別養護老人ホーム等を経営する社会福祉法人」「福祉公社」「在宅介護支援センター運営事業を委託している社会福祉法人及び医療法人等」「農業協同組合及び農業共同組合連合会」「別に要件を定める介護福祉士」である。

11) 厚生省大臣官房統計情報部，1999，『平成9年度社会福祉行政業務報告』財団法人厚生統計協会
12) 団体数は，全国社会福祉協議会，1999，『平成10年度住民参加型在宅福祉サービス団体活動実態調査報告書』による。全国社会福祉協議会では，住民参加型在宅福祉サービス団体を，住民の自発的な呼びかけによって組織・運営される「住民互助型」，市区町村社会福祉協議会が事業化する「社協運営型」，生協や農協などの協同組合組織が取り組む「協同組合型」，市区町村が関与し，第三セクターなどとして設立される「行政関与型」，社会福祉施設や施設を経営する法人が事業拡大として設立・運営する「施設運営型」とに大きく分類しており，それぞれの規模は，「住民互助型」が549団体，「社協運営型」が281団体，「協同組合型」のうち「農協型」が37団体，「生協型」が94団体，「ワーカーズコレクティブ」が116団体，「行政関与型」が51団体，「施設運営型」が13団体となっている。また，活動員には担い手・コーディネーター・事務局員が含まれ，調査回答を得られた951団体で91,000人にのぼる。
13) 全国社会福祉協議会が全国の住民参加型在宅福祉サービス団体の活動員1,870人に対して調査を行い，そのうち1,266人から有効回答を得たものによる。ちなみに，毎年行われている「住民参加型在宅福祉サービス団体活動実態調査」では，担い手の性別データは出されていない。
14) 全国社会福祉協議会，1999，『平成10年度住民参加型在宅福祉サービス団体活動実態調査報告書』によると，「サービスの内容にかかわらず利用料が定額」の場合，担い手の受取額は1時間平均661.6円。「サービスの内容により金額に違いがある」場合は，介護サービスで1時間あたり893.0円，家事援助サービスで1時間あたり720.6円，給食サービスでは1時間あたり480.4円となっている。
15) 担当者への聞き取り調査による。

参考文献

1993，『ジュリスト増刊―高齢社会と在宅ケア―』有斐閣
安立清史，1998，『市民福祉の社会学』ハーベスト社
加藤寛・丸尾直美編著，1998，『福祉ミックス社会への挑戦』中央経済社
柴田嘉彦，1998，『日本の社会保障』新日本出版社
総務庁編，1999，『高齢社会白書』
園田恭一，1999，『地域福祉とコミュニティ』有信堂

第 Ⅱ 部
家族と地域社会へのパースペクティブ

第3章　戦後日本の家族の変化
―― ふつうの家族はどう変わったか？――

絵　猿田晶子

「現代に生きている人たちには，親世代と子世代で家族のリアリティが違うんだ．それを絵にしてほしいのだけど……．」と頼んで，大学生に描いてもらった作品だ．絵が出来てきたとき，40歳代の教員と20歳代の学生の間にも，世代的なリアリティのずれがあることがわかった．それは「時代効果」か「年齢効果」か迷うところだ．この絵をみてあなたはどこに注目しますか？

はじめに

　第二次世界大戦から今日まで、日本の家族はどのような特徴をもった家族へと変わってきたのだろうか。家族の変化は、たとえば、「離婚する夫婦が増加し、家族は崩壊しはじめた」、「児童虐待、いじめ、不登校など最近の子どもをめぐる問題は、家族の教育力の低下が原因である」、「最近の母親は、母性を無くしている」等々、中立的な評価よりはむしろ悪い方向への変化を憂えるときに引き合いに出されやすい。それでは戦後の日本の家族の変化は悪い方向のみに向いていたのだろうか。家族の変化の方向やあり様の評価は、「家族危機」であるとするものと、それほど家族は悪い方向の変化を遂げているわけではなく、むしろ諸外国の家族と比較すれば「安定的」で良い、というような評価との二つに分かれている。現在の日本の家族と何とを比較すると「危機」と評価されるのか、「安定的」と考えられるのか、その基準は何のために家族の変化をみていくのかによって変わってくる。たとえば「離婚」という家族の出来事をみたとき、「いったん結婚したからには、生涯別れずに連れそうべきである」という考え方がおおかたの人々に支持され、離婚数も非常に低い社会の場合、「離婚」は当人たちにとっての結婚の破綻であり、家庭崩壊であり、取り返しのつかない「不幸」を意味するかもしれない。ところが、たとえば現在のアメリカ社会のように2組の結婚のうち1組は離婚するといった状況のなかでは、「離婚」の次に「再婚」という家族の再構築が前提とされていて、「離婚」するだけでは前の家族は解体するが、「不幸」であるという意味づけにはなりにくい。このような例から考えても、「家族の変化」ということが同じ出来事をみていたとしても、その当該社会の状況によって、目標とされる家族のあり方によって、異なった評価になることは明らかだ。また誰にとっての変化として考えられているかによっても否定的な変化としてとらえられたり、歓迎すべき変化としてとらえられたり、評価が分かれる場合もある。

本章では，以上に例示したような家族の出来事の評価の「是非」や「経緯の説明」こそ時代によって変化するものであり，客観的に「揺るぎ無い家族変動の説明」は難しいということを意識しつつも，日本が戦後経験した社会構造上の変化のうちから，家族形成の基盤となる人口学的な変化をまずは手がかりとして，現時点から戦後の家族の変化とそのゆくえを考えていくこととしたい。

次節では家族形成の法律上の基盤のかわった第二次世界大戦後の半世紀を一つの区切りと考えて，日本が経験した大きな人口学的変化と家族の関係をまずとりあげる。続いて人口学的な変化の進行と並行して，人々が志向した家族像が，人口学的な変化とどう関連するかを考察し，今後日本の家族がどのような方向へ向かうかを考えるための手がかりを探っておきたい。

1. 人口学的な変化と戦後の家族

すこし前まで日本の社会を「高齢化社会」(総人口に対して 65 歳以上の老年人口の比率が 7% を越える社会) と規定していたが，最近では，「少子・高齢社会」といういい方が定着してきた。この社会のあり様を示す言葉は，人口学的な特徴で社会の様相をあらわしているが，戦後日本の家族の変化にとってこの人口学的な変化が，家族の基盤の変化の主要因であることが知られてきている。欧米先進諸国は，すでに「少子・高齢社会」へと転換しているが，そこへ至る出生率と死亡率の推移は，人口転換とよばれていて，共通の特徴が明らかにされている。それは出生率，死亡率ともに高い多産多死の段階から，死亡率が低下し始め，出生率は高いままである多産少死の段階を経て，出生率，死亡率とも低い少産少死の段階に至り，その帰結として社会は少子・高齢化するということである。後発ではあるが，日本もまた同様の出生率と死亡率の変化を遂げている。

欧米先進諸国では，この人口転換が 19 世紀から 20 世紀という 100 年以上の期間をかけて進行したが，日本の場合，およそ半世紀という短い期間で急激に

この人口転換を経験することとなった。そのため人口学的世代でいえば，1925年以前生まれの人たちが多産多死の世代，1925年から1950年生まれが多産少死の世代，1950年生まれ以降の人は少産少死の世代と設定できるような諸世代が（伊藤 1994：190），現時点の同時代を生きて，一緒に生活するような社会となっている。この急激な変化から生み出された人口学的世代のあり様は，私たちが自覚しようがしまいが家族に関わる現象を決定する大きな要因となっている。とくに，長寿化したことは，多くの人々が，子ども世代や孫世代と関わる時間を長くもてる可能性を高くしたし，その関わり方は，高齢者の住まい方・生活のしかたの選択の変化として現れてくる。また少子化という現象は，子どもの産み方・生まれ方の変化に大きな影響を与えている。

そこで次節では，高齢化・少子化という人口学的な変化が，家族構成や家族の形成規則に与えた影響と変化について確認していく。

2.「人口の高齢化」はどんな家族形成理念をどう実現したか

高齢化という用語は，もともと「人口の高齢化」からきているもので，総人口に対する老年人口の比率が高くなっていくことをあらわしている。高齢者の人口割合が高くなること自体が良いことか，悪いことかの評価を併せもつ概念ではないが，総人口における高齢者比率の高まりは，高齢者介護等の社会的リスクの高まりを予感させたり，従来の年功序列制等の社会規則を継続できない年齢別構成へと変化することが，社会構造の変動を強いているようで，高齢化社会に対する評価はおおむね辛いものであった。

人口が高齢化するためには，多くの人々が長生きできるようになること（長寿化）が必要条件であって，多くの人が子ども世代がその子ども（もとの世代にとっては孫）を産む頃まで長生きできるようになっていくことを条件としている。このことは，個々の世帯にとっては，子どもの世代の結婚によって，三世代同居型の世帯形成ができる可能性を高くすることとなるはずである。

第3章 戦後日本の家族の変化 47

表3-1.1 世帯構成別にみた世帯数と構成割合の年次推移

	総数	単独世帯	核家族世帯	夫婦のみの世帯	夫婦と未婚の子のみの世帯	ひとり親と未婚の子のみの世帯	三世代世帯	その他の世帯	平均世帯人員
	推 計 数 （千世帯）								（人）
昭和50年（1975）	32,877	5,991	19,304	3,877	14,043	1,385	5,548	2,034	3.35
55 （'80）	35,338	6,402	21,318	4,619	15,220	1,480	5,714	1,904	3.28
60 （'85）	37,226	6,850	22,744	5,423	15,604	1,718	5,672	1,959	3.22
平成2 （'90）	40,273	8,446	24,154	6,695	15,398	2,060	5,428	2,245	3.05
7 （'95）	40,770	9,213	23,997	7,488	14,398	2,112	5,082	2,478	2.91
9 （'97）	44,669	11,156	25,911	8,661	14,903	2,347	4,999	2,603	2.79
10 （'98）	44,496	10,627	26,096	8,781	14,951	2,364	5,125	2,648	2.81
	構 成 割 合 （％）								
昭和50年（1975）	100.0	18.2	58.7	11.8	42.7	4.2	16.9	6.2	.
55 （'80）	100.0	18.1	60.3	13.1	43.1	4.2	16.2	5.4	.
60 （'85）	100.0	18.4	61.1	14.6	41.9	4.6	15.2	5.3	.
平成2 （'90）	100.0	21.0	60.0	16.6	38.2	5.1	13.5	5.6	.
7 （'95）	100.0	22.6	58.9	18.4	35.3	5.2	12.5	6.1	.
9 （'97）	100.0	25.0	58.0	19.4	33.4	5.3	11.2	5.8	.
10 （'98）	100.0	23.9	58.6	19.7	33.6	5.3	11.5	6.0	.

注）平成7年の数値は兵庫県を除いたものである。
資料）昭和60年以前は厚生省「厚生行政基礎調査」、平成2年以降は同「国民生活基礎調査」
出所）『国民の福祉の動向 厚生の指標』46巻12号1999年 27ページ

表3-1.2 世帯構成別にみた65歳以上の者のいる世帯数と構成割合の年次推移

	総数	全世帯に占める割合（％）	単独世帯	夫婦のみの世帯	いずれかが65歳未満の世帯	ともに65歳以上の世帯	親と未婚の子のみの世帯	三世代世帯	その他の世帯	65歳以上の者のみの世帯（再掲）
	推 計 数 （千世帯）									
昭和50年（1975）	7,118	(21.7)	611	931	487	443	683	3,871	1,023	1,069
55 （'80）	8,495	(24.0)	910	1,379	657	722	891	4,254	1,062	1,659
60 （'85）	9,400	(25.3)	1,131	1,795	799	996	1,012	4,313	1,150	2,171
平成2 （'90）	10,816	(26.9)	1,613	2,314	914	1,400	1,275	4,270	1,345	3,088
7 （'95）	12,695	(31.1)	2,199	3,075	1,024	2,050	1,636	4,232	1,553	4,370
9 （'97）	14,051	(31.5)	2,478	3,667	1,145	2,522	1,920	4,245	1,741	5,140
10 （'98）	14,822	(33.3)	2,724	3,956	1,244	2,712	2,025	4,401	1,715	5,597
	構 成 割 合 （％）									
昭和50年（1975）	100.0	.	8.6	13.1	6.8	6.2	9.6	54.4	14.4	15.0
55 （'80）	100.0	.	10.7	16.2	7.7	8.5	10.5	50.1	12.5	19.5
60 （'85）	100.0	.	12.0	19.1	8.5	10.6	10.8	45.9	12.2	23.1
平成2 （'90）	100.0	.	14.9	21.4	8.4	12.9	11.8	39.5	12.4	28.6
7 （'95）	100.0	.	17.3	24.2	8.1	16.1	12.9	33.3	12.2	34.4
9 （'97）	100.0	.	17.6	26.1	8.1	18.0	13.7	30.2	12.4	36.6
10 （'98）	100.0	.	18.4	26.7	8.4	18.3	13.7	29.7	11.6	37.8

注）平成7年の数値は兵庫県を除いたものである。
資料）昭和60年以前は厚生省「厚生行政基礎調査」、平成2年以降は同「国民生活基礎調査」
出所）『国民の福祉の動向 厚生の指標』46巻12号1999年 28ページ

ところが，表3-1.1と表3-1.2からもわかるように，戦後の家族人数（「世帯」という同居していることと同一家計である単位を家族とみたてる）は，1世帯あたりの平均人数で1990年には3.05人となり，1955年の4.98人から一貫して減少し続けている。およそ35年という1世代分の期間で，ほぼ2人の人員が減少していることとなる。それと同時に世帯全体（一般世帯）の数は増加していて，1975年は32,877,000世帯であったが，1998年では44,496,000世帯とおよそ1.35倍になっている。1998年では，65歳以上の高齢者のいる世帯がこの世帯全体の33.3％を占め，年次推移をみる限り高齢者の夫婦のみ世帯や単独世帯が増加する傾向にあることがわかる。近年では，同居している他世代の親族がいたとしても，子ども世代は結婚しておらず高年齢の未婚子との同居の比率が高くなりつつある点が注目されている。この変化は同時に三世代同居世帯の比率を下げることとなっていて，1975年では，54.4％あった三世代同居の世帯が，1998年では29.7％と激減し，65歳以上のいる世帯の中の3割に過ぎなくなっている[1]。これらの動向があらわしていることは，長寿化して高齢者の人口割合・実数とものびて，他世代との同居期間が長期化の可能性がでてきたにもかかわらず，高齢者は，子ども世代家族と同居せずに，分離独立して世帯を構成してきていること，または，することを選びつつある，ということである。年代別の世帯の家族構成を比較すれば，夫婦と未婚の子どもで構成する「核家族世帯」の比率は落ちてきていても，夫婦を単位として，子どもの結婚等の独立によって，世帯を子ども世代と分離して形成していく「夫婦家族制」が家族のあり方として支持されることを示している変化と解釈できる。

ただし，世帯の家族構成の割合は，地域間格差が大きく，少なくとも都道府県単位でみても三世代同居世帯の比率には大きな違いがでている。従って全国的な動向と同じような変化を辿る地域と違った変化を辿る地域がでてくることが示唆されている（清水 1997：57）。この点は注意を要することであろう。

3. 少子化はどのように成立し，家族の変化とどうかかわるのか

　日本の家族に関してもう一つの人口学的な影響をもつ特徴として少子化があげられる。少子化は，子どもの出生数が少なくなることを意味しているが，子ども数の減少傾向自体が問題視されている，というよりは，出生児数が減ることで，人口の自然増加率が鈍り，長寿化とのかかわりで，人口が高齢化していくことを促進する要因となるため問題視されてきている。出生率の低下は，合計特殊出生率（人口の再生産の視点からとらえた指標で女子の年齢別出生率を年齢ごとに合計したもの）が1.57まで低下したと騒がれた1990年ころからはじまったわけではない。第二次世界大戦後は，終戦直後のベビーブームの後，急速に低下し，乳児死亡率もまたあとを追うように短期間のうちに低下してくる。この出生率，死亡率の低下は，地域間格差はあったもののおおむね昭和30年代半ば，高度経済成長期に入る頃には全国的に達成されるに至っている。ここで日本も少産少死の段階に入ったわけである。

　家族の変化とのかかわりから注目されるのは，出生率の低下と結婚や出産のあり方とが密接にかかわっている点にあり，「出生動向基本調査」によれば夫婦間に生まれてくる子どもの数（夫婦の完結出生児数）は，1940年第1回調査（4.27人）から1972年第6回調査（2.20人）までは低下していたものの，それ以降1997年第11回調査（2.21人）まで約2.2人と変化せず[2]，夫婦間では，子どもが安定して生まれてきていることが確認できる。また現在でも日本では婚外子出生率が1.1と非常に低く，未婚で女性が子どもを産むことはほとんどないので，出産可能と考えられる年齢層の女性の未婚率の上昇は，出生動向に大きな影響を与えることとなる。統計上でも日本の女性の結婚年齢は戦後上昇し続けており，1997年第11回調査の女性の平均初婚年齢は26.1歳で，1987年第9回調査と比較しても0.8歳上昇している。この晩婚化傾向が出産の高年齢化に大きく影響し，出生率低下の主要因となっている。

家族形成のきっかけとなる結婚の動向は,「晩婚化」と特徴づけられるが, 女性の年齢別未婚率(「国勢調査」各年)は全年齢層で上昇していて, とくに25～29歳層の未婚者割合の上昇は著しい。ところが45～49歳層の未婚率は, 上昇傾向にはあるもののおよそ5％と低い。これらのことを考えあわせると, 現状では晩婚化は進んでいるが, 生涯結婚しない「非婚」の選択が多くなったとはまだ言い難い状況である。すなわち, 生涯結婚をしないというライフコースの選択はまだ多いとはいえず, 出生率の低下に影響したとは今のところ考えにくい。

　子どもの産み方でいえば, 少産少死の段階に入っている今日では, 結婚持続期間が15～19年の女性で4人以上子どもを産んだ人は5％ほどと非常に少なく, 5割が2人, 3割が3人の子どもを産んでいて, 子どものない夫婦の割合は, 3.7％にすぎない。およそ夫婦の96％が子どもをもっていることとなる。これらのデータをみてくると, 女性が子どもを産まなくなったから少子化が進んだというわけではないことがわかるし, 家族の形成という点から考えると, 夫婦間に産まれる子どもの数が平均2人で, 少なくとも1970年代からは, 夫婦関係にあるものの間では子どもの出生数に変化がないことが示されていることがわかる。

表3-2　出生コーホート別既婚女性の出生児数　　　　(％)

女性の出生年	出生児数					平均出生児数
	0人	1人	2人	3人	4人以上	
1890年以前(明治23年以前)	11.8	6.8	6.6	8.0	66.8	4.96
1890～1895(明治24～28)	10.1	7.3	6.8	7.6	68.1	5.07
1896～1900(明治29～33)	9.4	7.6	6.9	8.3	67.9	5.03
1901～1905(明治34～38)	8.6	7.5	7.4	9.0	67.4	4.99
1911～1915(明治44～大正4)	7.1	7.9	9.4	13.8	61.8	4.18
1921～1925(大正10～大正14)	6.9	9.2	24.5	29.7	29.6	2.86
1928～1932(昭和3～7)	3.6	11.0	48.0	29.0	9.4	2.33
1933～1937(昭和8～12)	3.6	10.8	54.2	25.7	5.7	2.21
1938～1942(昭和13～17)	3.6	10.3	55.0	25.5	5.6	2.20
1943～1947(昭和18～22)	3.8	8.9	57.0	23.9	5.0	2.18

資料)総務庁統計局「国勢調査報告」厚生省人口問題研究所「出産力調査」「出生動向基本調査」,
　　厚生省人口問題研究所編「人口の動向:日本と世界(1966年版)」表4-26より落合が作成
出所)落合恵美子『21世紀家族へ　新版』有斐閣　55ページ

加えて既婚女性の出生コーホート別に出生児数をみると表3－2[3]からわかるように，大正10年～14年生まれの女性のコーホートから出産児数の傾向が変わっている。それ以前生まれの女性は，子どもを4人以上産んでいる人が6割以上なのに対して，昭和3年～7年生まれコーホートより若い人たちは，2人か3人の子どもを産んだ人が圧倒的に多くなっている。この変化は，出産した子どもが死亡して目減りすることなく，成人まで生き残り，次の世代を産むことができるようになると女性一人あたりの，出生児数は少なくなる経過をあらわしている。合計特殊出生率の高い大正14年も，低くなった昭和25年も純再生産率からみるとほぼ1.5と同じであった（岡崎 1990：8）ことは，子どもは何人育ちあがるのがよいと考えるかについては，時代を超えた共通の価値が成立するのかもしれない。

少子化という現象から家族の変化を考えてみると，産まれてくる子ども数の実数が減少したことよりも，1) 初婚年齢の上昇が出産年齢を押し上げ，結果として出生児数が少しずつ減少していっていること，2) 産んだ子どもはほとんどが成人まで育ちあがるということを前提として個々の家族が出産児数を決定するようになってきたことの集約が少子化という社会現象であるということ，3) 皆がおよそ2人か3人の子どもを産んでいることの3点の方が家族のありようという意味からは大きな変化ととらえられる。加えて，女性が子どもを産まなくなったことが，出生率の低下を招いたのではなく，生涯子どもを産まなかった女性の比率はむしろ戦前より下がっていて，「皆がおよそ2人か3人の子どもを産む」こととなっている，この傾向こそ，子どもを産むことに関していえば，「画一化」の傾向ととれる（落合 1997）。

4. 人口学的世代ごとのライフコースはどう変化したか

多産多死の世代，多産少死の世代，少産少死の世代が同時代に生きている現在の日本において，それぞれの世代のライフサイクルからみる家族形成の違い

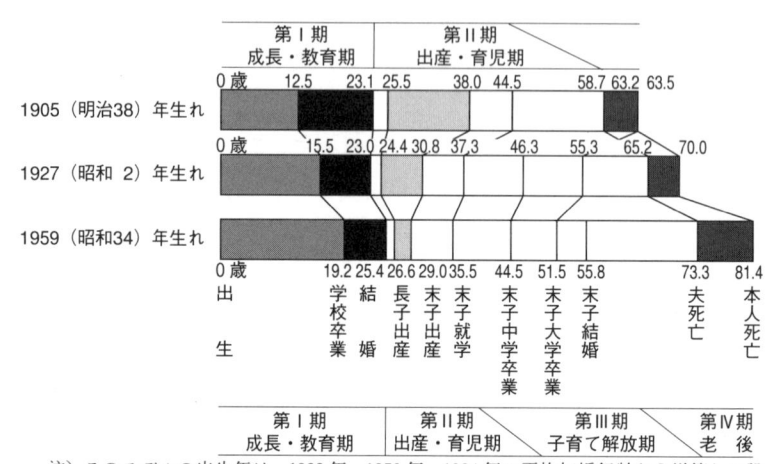

図3-1 女性のライフサイクルモデルの比較

	第Ⅰ期 成長・教育期	第Ⅱ期 出産・育児期					

1905（明治38）年生れ　0歳　12.5　23.1　25.5　　38.0　44.5　　　58.7　63.2　63.5

1927（昭和2）年生れ　0歳　15.5　23.0　24.4　30.8　37.3　　46.3　　55.3　65.2　　70.0

1959（昭和34）年生れ　0歳　　　19.2　25.4　26.6　29.0　35.5　　44.5　51.5　55.8　　　73.3　　81.4

出生　学校卒業　結婚　長子出産　末子出産　末子就学　末子中学卒業　末子大学卒業　末子結婚　夫死亡　本人死亡

第Ⅰ期 成長・教育期	第Ⅱ期 出産・育児期	第Ⅲ期 子育て解放期	第Ⅳ期 老後

注）このモデルの出生年は，1928年，1950年，1984年の平均初婚年齢から逆算して設定した。各ライフステージは婚姻時における平均値。
出所）『女性のデータブック 第2版』有斐閣 1995年 3ページ

はどのような点にあるのだろうか。

図3-1では1905年生まれのモデルが多産多死の世代，1927年生まれのモデルが多産少死の世代，1959年生まれのモデルが少産少死の世代に相当すると考えられる。1905年生まれのモデルは，明らかに他の2モデルより出産・育児期間が長く，育児後の期間はないに等しいほど短い。末子が独立する頃に本人が死亡する年齢に達してしまい，結婚後の人生の大半が出産・育児に関わる期間であり，子どもが独立した後の期間は想定されない。1927年モデルと1959年モデルは，戦後に結婚して，子どもを2人産むというパターンに転換していて，出産・育児期後の期間も長くなってきていることが大きな特徴といえよう。1959年のモデルでは，末子が結婚してから本人死亡までおよそ26年間という長期の脱親期が想定されている。

先にあげた「第11回出生動向基本調査」でも，第1子出産から約4年半で子どもを産み納める傾向は，1982年の第8回調査以降変わらず，戦後に結婚・出

産した少産少死の世代のライフコースの特徴となっている。出産・育児期の縮小，脱親期の拡大は，親役割遂行期の相対的縮小を意味するものであり，女性の社会進出の可能性の拡大という現在の社会状況と相乗効果を上げて，女性の人生に母親であること以外の生き方の選択肢を拡大する条件の基盤となっている。この生き方の選択肢の拡大は，人生後半の脱親期の生き方についても，自分を母以外の何者として位置づけるかを問いかける意味をももつこととなっている（渡辺 1999）。

5. 離婚率の動向から家族崩壊や再構成の過程はよみとれるのか

現在の日本は「皆婚制社会」といえるほど諸外国と比較して婚姻率が高い。さらに婚姻動向が出産動向に大きな影響力をもつことは先述の通りであった。家族の形成に大きな影響を与える婚姻関係は，現在，その解消である離婚の増加によって家族の破綻を引き起こしているといえるのだろうか。

世界の諸社会をみれば，法律婚ばかりが家族の形成を意味するわけではなく，事実婚や同棲の比率の高い社会では，法律婚によらない家族の形成も多数存在する。その場合は離婚率によって家族の形成や破綻の動向がおおよそつかめるとは言い難いだろう。また仮に普通離婚率を比較した場合でも，イタリアのようにカソリックの強い南欧の国々では婚姻非解消主義の伝統をもっていて，民事婚は「民法上の効果の終了」が認められるが，教会婚は婚姻の破綻を別居にとどめていて，離婚はしないという対処をとる。イタリアの離婚率が日本よりさらに低いのは，上記のような婚姻の解消が離婚とならないためと考えられ，事実上破綻している夫婦であっても婚姻継続しているデータとなってあらわれるために低率となると推察できる。

以上のように離婚率の動向は，直接的に家族の崩壊や安定を証明するわけではないが，日本の場合に限れば，家族の形成が婚姻と深くかかわっているので，婚姻関係の解消である離婚が，家族の継続の動向を知る指標になるものと考え

られる。

　日本の普通離婚率（人口1,000人あたりの離婚件数比）は，1960年0.74を底にして，1970年代は上昇し続け，1983年の1.50まで上昇していく。その後一時期下降するが，1989年再び上昇傾向に転じて1998年で1.94（『厚生白書』）となっている。以上の経緯をみると確かに離婚率の上昇は気になるが，アメリカなどの離婚高率国（3.0以上）と比較すれば，まだ低いと判断できる。婚姻全体における再婚の割合は，1995年で13.2％と1971年の10.8％と比較すれば多くはなってきているものの，婚姻全体に対する実数，割合とも少なく，アメリカのように結婚自体の動向に変化を与えるほどの動向の変化はしていない。したがって，離婚が社会構造の変化を呼ぶほどの影響を与えているとは言い難い。

6. 結婚観や家族観はどう変わったか

　個々の家族によって意識される，一般的な家族像はどのように志向されてきたのだろうか。

　家族の形成に際して，とくに配偶者選択に関しては，今日の日本は法律婚主義が徹底していて，事実婚の比率が低いことは前述したが，戦前と同様戦後の民法改正後も，一夫一妻単婚制の基準はかわっていない。しかし戦後の民法に盛り込まれた個人の自由意志に基づいた配偶者選択の原則は，戦後すぐよりは現在の方が実質的に浸透してきている。先にあげた「出生動向基本調査」[4]によれば，恋愛結婚の比率は1995年以降で87.1％と見合い結婚を圧倒的にした割合となっている。この傾向は，1970年代以降の特徴であって，民法改正以降すぐにあらわれた現象ではない。同調査で，1965～69年の恋愛結婚の割合をみると，48.7％であり，見合い結婚の割合とかなり拮抗している。最近の「恋愛結婚」高率の傾向は，出会いのきっかけが「お見合い」であっても，その後「恋愛」を経験して結婚に至ったのであれば，「恋愛結婚」であるというように，恋愛結婚と見合い結婚の境界を曖昧にした解釈になってきたことの結果であっ

としても，少なくとも，結婚は「恋愛」を経過してたどり着くものであるという考え方が，圧倒的に支持されていること，すなわち結婚は，「恋愛」ということと強く結びついて成立すべきだ，という1970年以降の結婚観の変化のあらわれととれる。

『第11回出生動向基本調査　独身者調査』で，結婚・家族に関する意識[5]をみると，「いずれは結婚するつもり」と答えている者が，ほぼ9割である。またこの「いずれ結婚するつもり」と答えた者の内で「恋愛結婚」を望む者の割合も高くなってきていて，第9回調査と第11回調査を対比すると，男性で55.1%と66.8%，女性で63.3%と73.4%となっている。その他の選択肢は，「見合い結婚をしたい」「どちらでもかまわない」であり，「見合い結婚をしたい」と答えた者は男性女性とも非常に少なくなっていた。この結果からも，「恋愛結婚」の志向の高まりを確認することができる。ただし「いずれは結婚するつもり」と答えたものの割合自体は，1987年第9回調査から1997年第11回調査までの10年間で，男女ともその割合が下がってきている点も忘れてはならない。

未婚の女性が理想と考え，また予定しているライフコースでも，8割以上が結婚し，子どもをもつタイプのコースを選んでいる。「非婚就業」や「DINKS」といった家族を形成しないか，もしくは子どもをもたないというコースを理想とする者は少数派で，近年伸びているともいえない。むしろ1987年からの変化として特筆できるのは，女性の場合「仕事と家庭の両立」コースを理想とする人の増加と「専業主婦」コースを理想とする人の減少という点にあるだろう。この傾向は，男性が期待する女性のライフコースについても同様の傾向がでてきている。

表3-3.1 未婚女子の理想と予定のライフコース

	理想のライフコース			予定のライフコース			(参考)既婚女性のライフコース
	第9回(1987年)	第10回(1992年)	第11回(1997年)	第9回(1987年)	第10回(1992年)	第11回(1997年)	第11回(1997年)
非婚就業コース	3.7%	3.3	4.4	7.1%	9.5	9.3	—
DINKSコース	2.5	4.1	4.4	1.4	2.6	3.0	2.3
両立コース	18.5	19.3	27.2	15.3	14.7	15.5	21.9
再就職コース	31.1	29.7	34.3	42.2	45.8	42.9	38.8
専業主婦コース	33.6	32.5	20.6	23.9	19.2	17.7	27.7
その他・不詳	10.7	11.1	9.2	10.1	8.2	11.6	9.2
総数(標本数)	100.0%(2,605)	100.0(3,647)	100.0(3,612)	100.0(2,605)	100.0(3,647)	100.0(3,612)	100.0(7,354)

注) 既婚女性のライフコースは、第11回出生動向調査(夫婦調査)、結婚持続期間15～19年の妻に関する結果。
出所)「第11回出生動向基本調査 結婚と出産に関する全国調査 独身者調査の結果概要」国立社会保障・人口問題研究所 1997年

表3-3.2 男子が女子に期待するライフコース

調査年次	総数	非婚就業コース	DINKSコース	両立コース	再就職コース	専業主婦コース	その他・不詳
第9回(1987年)	100%(3,299)	0.8%	0.7	10.5	38.3	37.9	11.9
第10回(1992年)	100(4,215)	0.6	0.9	10.8	44.2	30.4	13.0
第11回(1997年)	100(3,982)	1.0	1.5	17.0	43.4	20.7	16.4

出所)「第11回出生動向基本調査 結婚と出産に関する全国調査 独身者調査の結果概要」国立社会保障・人口問題研究所 1997年

7. まとめ
―――「今後、日本の家族はどうなっていくか」をみていくための視点―――

　以上みてきたように戦後の日本の家族の変化において特徴的なのは、個々人の生活実感からは自覚できない人口学的な構造上の変化が急激に起こってきたことで、ライフサイクルモデルが違う世代が同時代に生活するという状況が起きていることであった。そしてその人口学上の急激な変化が、全体構造の転換に繋がる変化なのか、すなわち、新たな社会構造に資する変化なのか、従前の全体構造の不全を進行させる変化だったかは、個々の家族に起こっている変化

からはなかなか判断しづらいということでもあった。

　家族は、離婚を罪悪視することの相対的低下や脱親期の出現、その他の家族にかかわる新たな価値の提示（たとえば、夫婦別姓、事実婚や非婚の好意的報道、性別役割分業の流動化）から、家族は多様化してきている、と評価されることが多くなってきている。子どもの産み方という点からいえば、戦後の家族の変化は「画一化」の歩みと捉えることができたし、家族形成（結婚）の理由についても、「恋愛」との結びつきを重視することが徹底していく過程と捉えることもできた。私たちが現在、いろいろな評価はあるにしても、家族の標準としている「夫婦とその夫婦の間に産まれた子どもが同居して生活していく」形である「核家族」世帯の生活様式は、世帯の家族構成の割合からみれば、徐々に比率を落としているが、子どもを独立させた夫婦が、子どもの生殖家族世帯とは同居せずに、夫婦のみの世帯を形成していく選択が進んでいる点から考えて、「夫婦家族制」はむしろ浸透し続けているのが、現在の日本の家族の変化と捉えられる。以上の意味において、「核家族化」は進行している。

　アメリカやフランスを前例にするほどには進行しないかもしれないが、必ずしも、婚姻という形態をとって生殖家族を形成しないライフコースも、「いずれは結婚するつもり」への支持割合の低下や単独世帯比率の伸びを考えあわせると、現在よりは支持する者の多くなる生活様式かもしれない。このように、現時点でも、変化のゆくえを列記することの可能な点もあるが、「社会構造の変動と家族の変化の関係」をみるためにはさらに研究の大前提を確認しておくことが必要だろう。

　この大前提とは、日本の家族が「今後どうなっていくのか」と「どうなっていくのがよいのか、悪いのか」「誰に利益があるのか」を別次元の問題として把握し、「誰の視点で」「どんな時間の長さとして」「誰にとって望ましい変化」として捉えているかを明示した形で語られる必要があるということだ。

　個々の人々がよりどころとする「家族とは何か」「家族とはこういうものである」、といった家族の理念や家族のアイデンティティについても、集合意識や集

合感情とのかかわりから検討されるべきであるが，紙面の都合上割愛せざるを得ない。ただし，その検討の手がかりとなるものとして「愛情」というゼマンティーク（Luhmann 1982），「親密性」に基づく夫婦関係の解釈の変容（Giddens 1992）の2点ははずせないだろうことだけを付け加えておきたい。

注
1) 厚生統計協会，1999,『国民の福祉の動向　厚生の指標』46巻12号　28ページ
2) 国立社会保障・人口問題研究所，1997,「第11回出生動向基本調査　結婚と出産に関する全国調査　夫婦調査の結果概要」
国立社会保障・人口問題研究所インターネットホームページでみることができる。　http://www.ipss.go.jp/
3) 落合恵美子，1997,「二人っ子革命」『21世紀家族へ　新版』有斐閣　55ページから転載
4) 前掲2)
5) 国立社会保障・人口問題研究所，1997,「第11回出生動向基本調査　結婚と出産に関する全国調査　独身者調査の結果概要」
国立社会保障・人口問題研究所インターネットホームページでみることができる。　http://www.ipss.go.jp/

参考文献
Giddens, A., 1992, *The Transformation of Intimacy: Sexuality, Love and Eroticism in Modern Societies*. (松尾精文・松川昭子訳，1995,『親密性の変容―近代社会におけるセクシャリティ，愛情，エロティシズム―』而立書房)
伊藤達也，1994,『生活の中の人口学』古今書院
Luhmann, N., 1982, Liebe und Ehe: Zur Ideologie der Reproduktion, *Liebe als Passion Zur Codierung von Intimität*. 部分訳（村中知子訳，1988,「愛と結婚：再生産のイデオロギーについて」『現代思想』青土社　6月号)
落合恵美子，1997,『21世紀家族へ　新版』有斐閣
岡崎陽一，1990,『家族のゆくえ』東京大学出版会　8ページ
清水浩昭，1997，熊谷文枝編著『日本の家族と地域性　上』ミネルヴァ書房
渡辺秀樹，1999,渡辺秀樹編『変容する家族と子ども』教育出版　174－191ページ

第4章　新しい地域社会の地平をめざして
——地域社会をいかにリストラクチャリングするか？——

映画監督小津安二郎が代用教員を勤めていた三重県飯高町には，「飯高オーヅ会」（代表：柳瀬才治）という市民活動グループがある。小津監督の誕生日であり命日である12月12日には毎年「オーヅ先生を偲ぶ集い」が開催され，全国の小津ファンが集まる。飯高町も小津安二郎資料室の設置や財政援助により活動を支える。これは，住民主導で行政とパートナーシップを持ちながら行う非営利の文化活動の好例といえる。

はじめに

　地域社会あるいは特定のトポスに特別の意味を付与し，それを復権させたりするという行為は，家族に特別の意味を持たせたり復権させたりすることと同様に，そこにある種のイデオロギー的な意味合いを感じさせる。そして，その胡散臭さに対してアレルギーを表明する人たちは少なくない。従来，地域社会は，われわれに差異性よりも同質性を求め，匿名性よりも顔見知りの重要性を要請してきたのである。また，日本の地域社会の代表的な集団である町内会や自治会について議論する前に，そのアレルギーからそれを全否定する人たちも少なくないだろう。ほとんど税外負担といってもいいような形で町内会組織を通して各世帯一律に募金を集め，社会福祉協議会等の財源に組み込むというような手法は，そのようなアレルギーをいっそう増幅させる。

　本章では，現在を地域社会の転換期ととらえ，新しい地域社会をいかに創造するかについて考察する。そのために，NPO型の地域組織の重要性と既存地域組織のリストラクチャリングの必要性を述べる。具体的には，第1に，転換期としてとらえられる日本の地域社会の現在について，都市的生活様式の浸透・深化，地方分権の推進，住民投票の動き，市民活動の展開というトピックによって素描したい。第2に，新しい地域社会を創造する主体としてNPOを取り上げ，その成立背景を検討する。一方で，新しい地域社会の創造は，既存の地域社会のリストラクチャリングを伴わなければ実現しない。ここでは，既存の地域社会を代表する集団として町内会・自治会等の地域住民組織を措定し，それをいかにリストラクチャリングするのかを考察する。そのために，町内会とNPOの組織特性を比較・分析し，リストラクチャリングに成功しつつある町内会の事例を取り上げることで，その可能性を検討する。最後に，新しい地域社会像を模索したい。

第4章 新しい地域社会の地平をめざして　61

1. 地域社会の現在

(1) 都市的生活様式の浸透・深化

　戦後の日本の地域変動で最も特徴的なものといえば，それは都市化であろう。1920年の第1回国勢調査時の市部人口は18.0％，DID[1]人口推計値は30.2％であった。高度経済成長期における都市への人口移動により，1960年の市部人口は63.3％，DID人口は43.7％となった。そして，1995年にはそれぞれ78.1％と64.7％となったのである（総務庁統計局編 1998）。

　シカゴ学派のL・ワースは，都市を①人口の大きさ，②高い密度，③異質性という特徴をもつものと定義している。そして，都市では人々の接触が直接接触から間接接触中心となり，包括的集団の役割が減少し，具体的には親族の紐帯が弱まり，近隣が消失し，社会的連帯の伝統的基盤が崩壊していく。相互作用においては，インパーソナルな二次的関係が基本となり，匿名性，合理主義，コスモポリタニズムなどの特徴をもつとする（Wirth 1938）。さて，現在の日本の地域社会の状況はどうだろうか。ワースが都市に見た社会組織の形態や都市におけるパーソナリティというものが，日本のかなりの部分を覆っているのではなかろうか。

　従来，人間は単独で生活することが困難・不可能であるが故に，都市，村落ともに他者と共同して社会的生活を営む単位である集落社会を構成してきた。都市と村落は，その共同生活問題の処理システムの相違によって類型化できる。すなわち，都市では，村落と違って個人的自給自足性が相対的に低く，相互扶助システムによる共通・共同問題の共同処理を行わずに専門的処理機関に多くを依存して生活を営んでいるというわけである（倉沢 1977）。

　しかしながら，都市化が進行することで，個人的自給自足性の程度及び共通・共同問題の処理方法のどちらにおいても，都市と村落の差異はなくなってきている。つまり，村落において，個人的自給自足性は都市並みに低下し，共

通・共同問題の処理についても，専門家・専門機関による共同処理に依存する傾向が一層強くなった。地方に進出するコンビニエンス・ストアによる生活時間の解体を挙げるまでもなく，都市の生活様式は，農村にも浸透し，その境界は限りなく曖昧になっている。兼業化が進み，農家率が低下することでムラは解体する，そもそもムラはイエの集合体であるがそのイエ自体が解体している状況にある。このように，都市的生活様式がほぼ日本全国に貫徹されたのが，2000年を迎えた日本の地域社会の現在であるといえよう。

(2) **地方分権の推進**
　　——グローバリゼーションとローカリゼーションの狭間で——

　日本の政治システムは，日本国憲法第8章に地方自治が定められているにもかかわらず，高度に中央集権的な体制がとられてきた。地方自治は，機関委任事務や必置規制及び補助金行政，並びに中央各省出先機関の直轄事業等による自治体行政の誘導によって骨抜きにされてきた（新藤 1998）。そのようなシステムの見直しが現在起きている。

　地方分権推進委員会が提出した第4次勧告までに対応するものが，地方分権推進計画を経て，「地方分権の推進を図るための関係法律の整備等に関する法律」（地方分権推進一括法）として，2000年4月に施行されることになり，中央集権的体制から地方分権体制への変革が具体的に進行しようとしている。政治家や官僚の反対により，財源をも含めた事務権限の移譲や補助金行政の廃止等の多くが不徹底に終わったが，何よりも地方分権への不可逆的な道が示されたことは意義が深いといえる[2]。

　国民国家の自己完結性を前提とした中央集権的・行政官僚制主導の社会システムがグローバリゼーションによって機能不全を呈し，それに代わる地域固有の価値を追求するローカリゼーションの台頭によって地方分権が推し進められてきた。グローバリゼーションが進めば進むほど，ローカルなものが新たな社会的な意味を持ってくるのである（吉原 1999：242）。今日において，われわれ

の生活は地球的規模の問題群とさまざまな連関をもっており，同時にそれは地域住民の生活世界レベルからの日常的活動の継続でしか，その問題解決の道筋が開いていない。

　一方で，グローバリゼーションとローカリゼーションという二つのベクトルは，国家が一元的に公共機能を独占するというシステムの変容を余儀なくさせる。前者においては，たとえば EU のような超国家的機関への権限委譲が，後者においては生活に身近な地域単位での多様性や個性を実現するための独自の行政展開が可能なローカルな機関への機能移譲が要請される。そして，これらの改革は，公的な領域において，国家と地方の役割分担の変更というディセントラリゼイションのみにとどまらず，政府と民間とくにサードセクターとの間の役割分担の変更をも伴う。つまり，公的セクターが行ってきた社会的サービスを民間やサードセクターに移譲していくという改革である（富沢 1999）。行政改革による公共サービスへの安直な民間導入においては，営利主義を追求することになり，問題もあるが，公共性を担保するサードセクターへの移譲は，市民ニーズに沿ったサービスを公正さと効率さを損なわずに展開する可能性を持っている。欧米における分権化には，国家から地方への権限委譲と同時に，地方自治体内での住民参加システムの拡大がパラレルに企図されていた。地方自治体内の近隣住区に行政を分権化し，協議会型組織を設置したのである[3]。このような分権化が進む方向は，近代に形成された中央集権的・官僚主義的システムの失敗を克服した地域住民の参加による討論あるいは投票などによる地域資源の再分配という地平である。

(3) 地殻変動としての住民投票の動き

　地方分権の確立の条件の一つとして，住民参加がある。住民参加は長い間叫ばれ続けていたが，「市民オンブズパーソン制度」や「住民発議」などの新しい住民参加システムがとくに 1990 年代以降議論されるようになった。とりわけ地域社会に大きなインパクトを与えているのは，住民投票である。住民投票は

1996年8月の新潟県巻町における原発建設の是非を巡るものを最初に，日本全国に大きなうねりを見せてきている[4]。これらの動きは，1980年代以降の自治体政治において首長のオール与党体制が強まり，直接公選で選出された代表機関である首長と議会の枠内で自治体の意思を決定していこうとする傾向の裏返しといえる。つまり，住民投票の増大には，間接民主主義である議会への不信が大きく影響している[5]。

現在の住民投票の争点になっている原発や産廃は，従来行われてきた階級構造を富の再分配によって平等化しようとする運動において争点となってきた貧困や社会的不平等問題等とは違い，階級を超えて広くその地域に暮す全ての人達の生活様式や地域環境に関わってくる問題である。それらは，従来の政治的・党派的・イデオロギー的問題とは違った論点を提示している。かつてであれば地域経済の活性化を推進するためにもたらされた基地・原発・産廃が，それらをかかえるコスト＝リスクの方がより大きいと判断されるようになったのである（Beck 1986）。住民投票は，ある政策課題についての住民の意思決定をするだけではなく，その副産物として，住民がその地域社会をどのような地域にしていくのかという地域の将来を考える契機を提供する。

(4) 市民活動の展開

現在，地域社会において市民による多様な活動が行なわれるようになってきている。具体的には，医療・福祉，環境，教育，文化・芸術，まちづくり・むらおこし，人権・平和，外国人との共生といった地域問題の解決から，商店街の活性化，観光・イベント・交流，有機農業の産直・宅配などのような地域ビジネスの展開にいたるような活動などが挙げられる（中村 1996・1997）（細内 1999）。その活動の担い手も，子育て期を終了した女性たち，企業を退職した男性たち，農業従事者，自治体職員，地元中小企業者，商店街関係者，生協組合員，既存の町内会・自治会関係者，NPO，ナショナルトラスト，グラウンドワーク，ワーカーズコレクティブ，大学等学校関係者など多様である。

公共事業や行政指導の上意下達的な地域づくりではこれ以上生活の質は向上しないし（五十嵐・小川 1997），問題解決もできないということを住民が理解するようになってきた。各地で住民主導の多様な活動が始まっている。「企業―行政複合体」による「生活世界の植民地化」に対抗して，生活者として危機意識を持った人たちが，企業の論理と行政の論理という二つの論理から距離をおいて，オルタナティブな道を模索した結果としての市民活動・市民事業の展開といえる（Habermas 1981＝1987：411-418）。そして，従来の公害反対運動や福祉充実を要求するといった行政の施策や法人企業の活動に対して反対あるいは要求していくというようないわゆる告発型の住民運動から，たとえばゴミ問題やコミュニティ・ケアについて，地域住民がその活動主体となって，具体的な活動を行なったり，政策提言を行ったりするようになってきている。つまり，住民主導による快適な地域社会の形成に向けての生活課題の解決をめざした関心や領域を共有するボランタリーアクションの動きである[6]。

　日本ではとかくネガティブな言説ばかりの高齢社会であるが，市民が自ら活動し，地域を動かしていくことになった起爆剤として，その到来は大きな意味をもっている。日本の近代化は，若年層ほど多いいわゆるピラミッド型の年齢構成に支えられて進行した。しかしながら，高齢化率は，1970年に7％を超え，1995年には14％を超え，2000年には17％台となる。そして，2015年には25％を超え，国民の4人に1人以上が65歳以上という高齢社会が到来すると予測されている（総務庁編 1999：29）。高齢化は，地域によってその実状がかなり違い，そのことがローカルな対応を惹起させ，地域社会における世代間連帯の必要性を生じさせるのである。高齢化はどこの地域社会においても，遅かれ早かれ向き合わずにはいられない課題であり，そのような状況が市民を動かすことになる。一方で，高齢者の増加は全日制市民の増大ととらえることができ，自由に市民活動に参加できる人口が増大したと解釈することもできるのである。

2. 地域社会のリストラクチャリング
────NPO の成立と町内会のリストラクチャリング────

(1) NPO の成立背景と希求される地域社会集団の特性

　日本では，阪神・淡路大震災以降，市民セクターの重要性への認識が増大した。震災においては，行政が麻痺し，実際の救助・援助に多くのボランティアが活躍し，これらの活躍を通して，市民セクターの特性が，一般に認知されるようになった。そして，「震災を機に，NPO というもう一つの（オルタナティブな）公共サービスの担い手の存在が広く認識されるようになった」（早瀬 1998：21）のである。

　高度経済成長を前提とした福祉国家が，その財政基盤を失う中で，新自由主義の時代とも呼ばれた 1980 年代は，アメリカにおけるレーガノミックス，イギリスのサッチャリズム，日本の中曽根臨調行革などにみられるような「小さな政府」の志向，そこでは市場による均衡を追求する政策がとられた。しかしながら，その市場の失敗は，たとえば日本では，バブル景気の発生と崩壊，その後の平成の大不況といわれる現在が証明してみせたし，世界的にも環境問題や都市問題などをさらに深刻化させる事態となったのである。つまり，国家か市場かという二項対立を超えて，われわれはオルタナティブを志向する必要があるという段階に現在立っている（藤井 1997：178）。このような状況のなかで現れてくるのが，国家と市場という従来の原理とは違う，NPO を含むところの第三セクターなのである（Anheier and Seibel 1990：7-8）[7]。

　一方で，運動論的視点に立てば，機能システムの逆機能により発生した新しい社会運動（Luhmann 1996）の文脈の中で NPO を位置づけることができる。それは，かつての階級問題を克服するための運動とは違う文脈，つまりは，危険の生産と分配を巡る不安による連帯による運動である（Beck 1986）。それは，それ自体がゴールであるものであり，それ自体が生活スタイルの表現であり，その時々の自己を再帰的に定義しながらアイデンティティを維持する装置とし

て存在するのである（Melucci 1989＝1997）。

　また，行政学的視点でみれば，少子高齢化社会を迎えて，国家や市場による公共サービス提供の限界及び日本型福祉論の文脈におけるNPOによる公共政策機能代替推進（行政負担の軽減）要請という，いわば上からの働きかけがある[8]。

　以上のような背景により，NPOは成立してきたと考えられるが，このような状況はNPOを出現させるだけではなく，既存の地域集団にも大きな変革を求めるものとなっている。つまり，現代の地域社会において，NPO型の組織原理が希求されているのではないかということである。

　家族と地域社会における人々の社会的結合のあり方が，次のようにシフトすることが現在進行形で起きていると塩原は指摘する。それは，①閉鎖的集団のなかの同質者の勢揃いから開放的集団のなかの異質者の出会いへ，②強連結から弱連結へ，③緊密な統合から緩やかな統合へ，④資源動員型組織から情報編集型組織へ，⑤縦結びの組織連関から横結びの組織連関へという五つのトレンドである（塩原 1993：158-160）。このトレンドの特性は，前者が既存の地域集団の組織特性，後者がNPOの組織特性をほぼ示しているといえ，そのような組織変容が既存の地域集団に求められているということができるだろう。

(2) 町内会とNPOの集団特性に関する比較

　既存の地域集団の代表といえるのは，町内会・自治会等のいわゆる地域住民組織である。そして，町内会は，現在でも行政と住民を媒介する最も重要なチャンネルとして存在しているということは事実であろう。しかしながら，現在の町内会が地域住民の多様なニーズに応えるだけの柔軟な組織を持ち得ているとはいえないし，「町内会体制はもはや時代の趨勢に適合的ではない」（吉原 1990：163）。そして，他ならぬ町内会と行政のこの強固な関係が，住民と行政を繋ぐチャンネルを逆に閉ざす結果となってしまっている。現在，地域社会集団の特性は，町内会型組織特性からNPO型組織特性へというベクトルを希求さ

れている。そこで，町内会とNPOの集団特性を比較・検討することで，その差異を明らかにし，町内会のリストラクチャリング回路を模索したい。

まず，町内会とNPOの組織特性において最も大きな違いは，会員単位である。町内会は世帯単位が基本であり，NPOは個人単位である。また，町内会は個人がその地域で生を受けたことで，所属が決定してしまい，半強制ともいえる自動的加入であるが，NPOは個人が自主的・主体的（アイデンティティ志向）に参加する。

第2は，「一つの地域には一つの町内会しかない」という地域占拠制（田中 1985：173）（倉沢 1990：6）（鳥越 1994：9）である。社会移動により脱退・新規参加することができるが，非居住地域の町内会には原則として加入することはできない。それに対して，NPOは，ある地域的範域内に複数の組織が存在し，選択及び加入・脱会が自由である。つまり，NPOは選択縁による紐帯であって，町内会は地縁による紐帯である[9]。

第3は，紐帯の程度及び連結度であるが，町内会は長期の直接接触に基づく求心的な凝集性の高い同価値の繋がりである強連結であるということができ，NPOはその対極にある弱連結である[10]。

第4は，目的・機能であり，町内会は親睦・相互扶助・合意形成を目的とし，包括的機能を担っている。多くの町内会が遂行している機能の代表的なものは，行政末端補完機能と圧力団体機能であり，行政末端事務を引受けることで行政に声を反映させるという構造が存在し，極めて行政依存が強い組織となっている（築山 1996：158）。それに対して，NPOは特定問題の解決を指向している。活動分野で分けてみると，社会福祉系が最も多く37.4％，以下地域社会系16.9％，教育・文化・スポーツ系16.8％，環境保全系10.0％，保険医療系4.7％，国際交流・協力系4.6％等となっている（経済企画庁国民生活局 1997：3）。

第5は，役員・活動層の性別及びジェンダー意識であるが，町内会は男性（世帯主）中心で行われている（東京都生活文化局コミュニティ文化部 1997：23）のに対して，NPOは女性が主体の組織の方が多い。市民活動団体の事務局ス

タッフの性別をみてみると，女性主体の団体が46.2%であるのに対して，男性主体の団体は31.8%，男女ほぼ同じが9%となっている（経済企画庁国民生活局編 1997：30）。ジェンダー意識については，町内会では，世帯単位の加入であるがゆえに，世帯内における性別役割分業意識が直接，組織に持ちこまれることが多い。一方，NPOは個人単位であるということから，ジェンダー意識は，個人のもつ意識が直接反映され，男女平等意識が高い傾向があろうと推測できる。

第6は，外部性及び他組織との関係である。NPOはオープンであり，他の様々な団体とネットワークを組んで対等関係を結びながら活動していくいわゆるモナド型の関係性を取り結ぶ（山岡 1998：19-28）。それは行政や企業とも対等な関係性を取り結ぶ（松下 1998：91-105）[11]。それに対して，町内会は外部的には実質的には閉じている。町内会と他の町内会との関係をみてみると，単位自治会どうしは，直接関係をもつことは少なく，一段上位の連合町内会の構成町内会としての関係をもつ。広域で解決しなければならない課題などは，連合町内会での解決が行われる[12]。また，行政との関係はその末端事務の多さからしても対等とはいえないし，防犯協会，衛生組合，社会福祉協議会，育成会，共同募金会など行政関連の多様な諸集団と否応ない連携を強いられている。

第7は，組織規模であるが，町内会は，50世帯以下が43.5%，100世帯以下だと67.4%，300世帯以下だと91.3%と，9割は300世帯以下である。一方，1000世帯以上も0.9%だが存在している（杉田 1981：40）。NPOは，会員制度がある団体（全体の67.3%）の個人会員数で50人未満が44.3%，100人未満が60.1%，200人未満が70.1%である（経済企画庁国民生活局編 1997：33）。単純な比較はできないが，単位会員数はほぼ同じくらいであり，町内会が世帯単位であるが故に，その家族成員倍ということになろう。以上の比較を項目別に示したものが表4-1である。

表4-1　町内会／NPO の比較

	町内会	NPO
会員単位	世帯及び家単位**	個人単位
参加の意識	半強制・自動的参加	自主的・主体的参加
地理的範域	地域限定・占拠	地域非限定・非占拠
紐帯／連結度	地縁／強連結（Strong tie）	選択縁／弱連結（Weak tie）
所属	単一組織所属	複数組織所属可
コミュニケーション・メディア	対面的	多様な形態
目的／機能	親睦・相互扶助／包括的	特定問題の解決／単一的
役員・活動層とジェンダー意識	男性中心・性別役割分業	女性中心・男女協働
外部性	閉鎖的	開放的
他組織との関係	ツリー型	モナド型
組織規模	50世帯以下が最頻	50人以下が最頻
法人化	1991年より法人化	1998年より法人化

(3) 町内会型組織のリストラクチャリング
　　――松本市蟻ヶ崎西区町会を事例として――

　前節でみたように，町内会と NPO はその特性をかなり異にしている。町内会をリストラクチャリングするには，NPO のもつ諸特性への緩やかな変換が必要だろう。

　ここでは，伝統的な町内会のリストラクチャリングに成功しつつある先進的な事例を紹介しながら，どのようなプロセスによってそれが行われるのかについて検討したい。

　松本市蟻ヶ崎西区は，松本城北西に位置する旧市内の住宅地で，世帯数 800，人口約 2000 人の規模の大きな町内会である（叶堂 1999：196-200）。借家世帯がほぼ半数を占める地域であるにもかかわらず旧来型の名望家支配[13]が続いてきた旧中間層型町内会（菊池 1973：143）であり，戦後の町会長が現職で 4 人目であるということからもそのことが伺える。このような体質の古い町内会がどのようにリストラクチャリングされたのか，それは町内のボランタリー・アソシェーションとの交差（越智 1990：265）がきっかけであった。

　1985 年に松本市中央公民館の社会教育ボランティア講座の受講を契機とし

第4章　新しい地域社会の地平をめざして　71

て再結成された公民館婦人部を中心に地域福祉活動が始められる。中心的担い手は，来住層ではあるが，子育て期を過ぎ，この地域を「終の棲み家」として認識し，地域形成にかかわっていこうとする女性たちであった。彼女たちは，自己の半生を子育て・家事労働という性別役割分業に捧げてきた世代である。自己の半生を振り返り，自己を探し自己のこれからの生き方を模索しながら活動は開始された。いわば自己実現の活動が，次第に地域社会の環境を良くしようという活動へと展開していったのである。「受益者としての住民」から「主体者としての住民」への変容がそこにはみてとれる。

　活動は地域住民のライフステージ上の課題と関連して展開され，核家族化という状況により，まず保育ボランティアが開始される。その後，婦人部単独の活動から，他の行政関連団体との連携を図り，民生委員・保健補導員・日赤奉仕団・育成部・福祉協力部とのネットワークを拡大し，1991年に高齢者福祉を中心に据えた地域福祉グループ「蟻の会」が結成される。そして，同年，その活動が町会のなかで無視できないものとなり，「蟻の会」の活動が町内会内に位置づけられ，「蟻の会」代表が副町会長の役職に就くことになる。ここで町内会とボランタリー・アソシエーションが交差し，その後，町内会は大きくリストラクチャリングされていくことになる。

　リストラクチャリングには，大きく三つの流れが挙げられる。一つはジェンダーフリー化，二つは行政及び他団体と町内会の関係の変容，三つは，情報公開と自発的な住民参加である。

　女性である「蟻の会」代表が副会長に就いたことの町内会へのインパクトは大きく，前述したような男性中心の重立ち支配のなかに大きな楔が入れられ，旧中間層型町内会のなかにジェンダー・フリーへの動きが加速されていった。従来，地域社会のシャドウ・ワークを一手に引受けてきた女性たちが表舞台に出てきたのである。そして，1994年の町会長選挙で，「蟻の会」から押された女性町会長が誕生することになる。因みに長野県内の市町村議員に占める女性の割合は7.0％であるのに対して，長野県内の町内会長に占める女性の割合は

0.5％と極端に低く，蟻ヶ崎西区のような伝統的な地域で女性が町会長に就任することの稀少性とその影響力の大きさが理解できよう[14]。その後，会長・副会長・公民館副館長・公民館主事・総務副部長・会計副部長・婦人部長・文化部長・保健補導員代表・福祉グループ代表などを女性が担うようになり，町内会のジェンダーフリー化が推進され，町内会のあり方がますます見直されていき，男性の実動部隊としての参加も促進されたのである。

　従来，町内会と行政の一般的関係は，対等な関係というよりはむしろ，行政に多くを依存し，行政に協力的なリーダーが中心であった。そして，役所からの依頼業務のみを消化し，町内会は空洞化していた。蟻ヶ崎西区町会公民館は，市葬祭センター増改築建設に関わる迷惑施設の代償として市が1995年12月に竣工・建設したものである。当初市が提示した計画は，800世帯を対象として福祉のまちづくりを展開するには規模の小さいものであった。再三の交渉にもかかわらず，町会の要望は受け入れられなかった。男性役員は市のプランをそのまま受諾するべきだとしたが，女性役員たちは町会内で寄付を募り，それを市に寄付することで，広い駐車場・障害者用スロープやトイレ，シャワー室など自分たちの要望を実現したのである。行政からの提案を拒否し，一方的に与えられる施設に甘んじることなく，行政と協働で事業が展開されたのである。現在では自分たちが寄付をし，行政とのパートナーシップで完成した公民館がまちづくりの拠点となっている。また，福祉活動を積極的に展開していることから，社会福祉協議会からボランティアの動員を求められることがあるそうだが，それに対してもボランタリー・アクションを重んじる立場から，その求めを拒否しているということである。一見，社会福祉協議会への協力をしないことは他者からすると理解出来ないところかもしれないが，行為主体の主体性を重んじる姿勢があって初めて行政や他団体との協働が可能となることをそれは照射してくれる。他にも地元大学医学部学生との交流なども積極的に行っている。さらに，現在，町内にグループ・ホームをNPOで立ち上げようという動きもある。

情報公開があってはじめて，住民が町会の活動を知り，町会に主体的に参加する道筋をつける。福祉活動の実態や町会活動，前述の公民館建設に関する様々な経緯については，徹底的な情報公開が行われている。町会の活動及び福祉グループの活動については，それぞれ毎月「ありにしだより」「蟻の会通信」が発行されている。住民の声は，毎月それぞれ行われる定例執行部会・役員会・地区会・蟻の会定例会を通して町会活動に反映されている。また，福祉活動等，活動に参加することは自由であり，かつての全員参加型あるいは地区毎で割り当てるような方法を採用していない。参加しないことの自由も認めているのである。

以上みてきたように，蟻ヶ崎西区町会は，町会という従来の組織を，ボランタリー・アソシェーションと交差することで，様々なリストラクチャリングに成功しているのである。1996年の自治省の調査によれば，全国に293,227組織の地域住民組織が存在している（自治省行政局行政課 1997：2）。これら組織が，上記のようなリストラクチャリングを展開した時，そこに新しい地域社会ははっきりとした形でみえてくるだろう。

ここでは，町内会のリストラクチャリングについて検討したが，このリストラの構造は，行政との太いパイプをもった既存集団をいかにうまく換骨奪胎し，自立した組織に変革していくかというものであり，外国人との共生や女性行政などにも相似の構造をみることができるのである。

3. 新しい地域社会の創造 ——多様な地域集団の協働を目指して——

地域社会のあり方を決定するのは，その地域社会を構成する主体である住民・行政・企業の関係性であるといえる。戦後の日本の地域社会は，経済の基盤である重化学工業を中心に形成され，この産業の景気動向や企業戦略がそのあり方を規定してきたのである。その典型事例は，巨大製鉄所と運命を共にした釜石市などにみられる企業城下町である（田野崎 1985）。いわば経済過程に地

域社会が翻弄されてきた。今後は，いわば媒介過程による地域社会の再編が展開するだろう。そのためには，既存組織である町内会は過剰な行政末端機能から開放され，多様な住民層が参加しやすい環境を整え，諸集団間との調整能力を身につけ，住民の主体性や地域形成への関心を涵養する機能を担う必要があろう。そして，前述の蟻ヶ崎西区町会で起きているジェンダーフリー化，行政および他団体と町内会との関係の変容，情報公開と主体的な住民参加を目指し，一歩進んで事業執行型の町内会システムの導入も必要であろう[15]。そして，新しい組織であるNPOは，その組織特性を生かし，町内会や行政，企業といった他団体とのパートナーシップをもちながら展開していくことが必要となろう。行政も新たな市民－行政関係の樹立を目指すために，市民に意味のあるライフストーリーを構築させるためのチャンス，つまりは市民との多様な回路を設定し，積極的に提示する必要があろう[16]。

　そして，新しい地平にある地域社会とは，どのようなものであるのか。それは，従来の地域社会研究者が前提としてきた均質化されたもの（西澤 1996：58）ではなく，同じ目的・関心を共有する人達で構成されていない，異質の人達がある空間をある時間共有することを前提とし，階級・階層，エスニシティ，ジェンダー，年齢，ライフスタイル，定住性向などにおいて多様な構成員が多様で複合的なネットワークを包含した社会である。かつて存在していた古き良き前近代的地域社会を現代に蘇生させようと企てているわけでは決してない。それは，ヴァナキュラーな地平（Illich 1981＝1982：118）をむしろ越えたところに像を結ぶものであるのだ。

　それでは，このような地域社会を変革する主体とはいったい誰なのか。ここで取り上げた女性たちはもちろんのことであろう。マリオネット的な生き方の見直しを突きつけられたリストラ世代もそうであろう。そして，若い世代にも大いに期待をしたい。労働省の調査によれば，大卒者の卒業後3年の離職率は1998年で32.0％であり，1995年を基準とすれば僅か3年の間に35.0％も増加した。超氷河期といわれる就職戦線を勝ち残って一流といわれる会社に就職し

た学生もどんどん会社を辞めていく。周囲は彼・彼女が何故会社を辞めるのか理解できない。そこには企業に就職して組織に入り、「ここでは誰もが自分独りでは何もできず、また自分のしていることは自分以外の人でもできること、自分とはなにか」と問いはじめた学生の姿がある（それは、メルッチのいう運動や、松本市蟻ケ崎西区の女性たちの姿とオーバーラップする）。彼らのうち、一部の人たちは、自分らしい方法で他者と繋がり、地域で活動を始めている。「いまの若い者」でも、自分が納得した活動であれば、それがたとえ無報酬であっても、あるいは3Kといわれる仕事でさえ厭うことはないのである。

注
1) DID (Densely Inhabited District) は、原則として人口密度4000人／km²以上の調査区で人口5000人以上の地域を指定したものである。町村合併促進法以降の町村合併による市域の広域化によって、行政市域と都市的地域がずれを見せたために1960年以降の国勢調査以来、この人口集中地区という把握がされるようになった。
2) 一方で、「市町村合併特例法」にみられるように、地方分権化の受け皿として地方自治体の広域化・合併を進めるという方向に進んでおり、そこに、地方団体自治としての方向性はみられるが、住民自治という方向性がみられない点などの問題も孕んでいる。
3) それは、たとえばニューヨーク市の「コミュニティ委員会（community board）」、イギリスやオランダの「近隣住区協議会（neighbourhood council）」、イタリアの「住民評議会（consiglio di quartiere）」などである。
4) 沖縄県の米軍基地問題を巡る県民投票（1996年9月）、産廃処分場建設を巡る岐阜県御嵩町の住民投票（1997年6月）、基地問題を巡る名護市の住民投票（1997年12月）、産廃問題を巡る宮崎県小林市・岡山県吉永町（1998年2月）などが既に実施されている。それ以外にも住民投票条例の制定を目途に直接請求運動が展開された地域を含めるとかなりの数にのぼっている。
5) 直接公選で選出されたとはいえ、投票率が低下し、大量の無党派層が存在していることから地域住民の意思が議会に適確に反映されているとはいえない。たとえば、1997年の地方議会における女性議員の割合をみてみると、市議会で7.6%、都道府県議会では3.4%、町村議会では3.1%（総理府内閣総理大臣官房男女共同参画室1999：239）となっており、職業も自営業や会社経営層、農業などに集中しており、地域社会の声を十分に反映している状態にない

ことがよくわかる。
6) 園部は，社会目標としてのコミュニティには二つの柱があるとする。一つは，「都市社会を巨大な大衆社会ととらえて，そこにおける第一次的人間関係の欠落を問題とし，その回復を狙いとするもの」である。もう一つは，「近隣内の住民の市民的連帯を通じて，市民の直面する諸問題の自主的解決や行政への住民参加を強調するもの」である。前者を「親交的コミュニティ」，後者を「自治的コミュニティ」と名付けている。ここでの動きは後者のものである(園部 1984：321-322)。
7) 第1セクター(国家)，第2セクター(市場)，第3セクターという編成原理は，C・オッフェの用語を用いれば，それぞれ平等・自由・互酬あるいは友愛となり，K・ポランニーの用語を用いれば，再分配・市場交換・互酬ということになろう。
8) 中野は，国家が市民の自発性や自立性を逆用して，ボランティアを動員しているとして指摘する。(中野 1999)
9) 活動の地理的範域でいえば，NPOが必ずしも広域であるとはいえない。実際には，一つの市区町村の区域内で活動している団体が全体の67.6%である(経済企画庁国民生活局 1997：23)。
10) M・グラノヴェターは，転職情報が弱連結のネットワークによって提供されていた事実を調査により発見，その重要性を指摘した。連結の強度は，接触時間量，感情表出の強さ，親密性，相互扶助量などから測定できるとした。(Granovetter 訳 1999)
11) NPO先進国アメリカでは，フィランソロピーがそれを支えているとよく言われるが，一般的には，事業収入が5割，政府の補助・業務委託が3割，民間寄付が2割となっており，行政と完全に対等になれる状況でないのが現実である。(伊藤 1997：9)
12) 長野市の事例でみると，区(ほぼ町内会と合致，一部数町内会で組織)→地区連合会(連合町内会)→区長会(町内会長会)という組織が存在している。近年，町内会は，市レベルの連合のみならず，さらに上位の連合を組織化している。長野市の上位組織を遡行してみよう。県レベルの連合会である長野県自治連合会(1977.12.17設立，現在11市の町内会長会で組織)，その上に地方レベルの連合会である中部自治会連絡協議会(1984.4.1設立，現在，福井・富山・石川・岐阜・静岡・長野・山梨の7県で構成)，その上に全国レベルの全国自治会連合会(1985.9.18設立，現在26県で構成)が存在している。
13) 名望家支配とは，一般的に「①生計の資を十分持っているため，生活のために自分の全労働をそそぐ必要がなく，そのために余暇があり，一定の地域社会の中で無報酬かあるいはほんの名目的な報酬だけで，その地域の行政や指導を連

続的に兼職としてやってゆける経済的地位にある人々であり，②またどんな原因からであれ，地域住民から高い尊敬をうけていて，はじめは仲間の自由な信頼からであるにせよ，実際的には伝統的・身分的に，役職を占有することが当然と考えられているような人々」(菅野 1992：5) のことである。
14) 長野県短期大学教養学科地域社会学研究室が行った『長野県内市町村における女性政策に関する調査』(1999 年 11 月) によれば，長野県内の町内会長総数は，3743 人であり，そのうち女性は僅か 19 人 (0.5％) のみであった。尚，有効回答 89 票 (有効回収率 74.2％) である。
15) 大内は，米国ポートランド市のネーバーフッド・サンプル・バイローから，町内会が学ぶべき自治の技術として① 活動会員という考え方，② コミュニケーション重視，③ 役員が会員に奉仕する機構，④ 少数意見の重視を挙げている (大内 1999：36)
16) 東京都は，1980 年代以降展開してきたコミュニティ施策を 1997 年度末をもって終了した。これは，施策が軌道に乗ったという判断だけではなく，都の施策が，町内会あるいはコミュニティ・レベルから広域的な活動に取り組む「市民活動団体」＝NPO とのパートナーシップ形成に重点を移動させたからである。(渡戸 1998：17－18)。具体的には，東京都は 1996 年度に「ボランティア・非営利団体の活動促進に関する懇談会」を設け，1997 年度には「総合的ボランティアセンターに関する円卓会議」で具体化を探り，1998 年度より東京ボランティアセンターが改組拡充された。そして，町内会は市民活動団体の 1 エージェントとして位置付けられるようになる (東京都生活文化局消費生活部流通対策課 1998)。このような施策の転換の背景には，現実の地域社会の実態に対応して，従来の生態学的な範域を基礎とし共通の価値観をもつ一元的なコミュニティ像から複数の価値をもつネットワークが重層的に存在しているようなコミュニティ像へと自治体の地域社会認識が変容したからであると考えられる。

参考文献

Anheier, H. And Seibel, W., 1990, "Sociological and Political Science Approaches to the Third Sector", Anheier, H. And Seibel, W. (eds.) *The Third Sector: Comparative Studies of Nonprofit Organizations*, Walter de Gruyter.
Beck, U., 1986, *Risikogesellschaft Auf dem Weg in eine andere Moderne Suhrkamp.* (東廉・伊藤美登里訳，1998，『危険社会――新しい近代への道』法政大学出版局)
藤井敦史，1997，「市民事業組織の成立基盤――組織環境論の視点から」『(地域・空間)の社会学』地域社会学会年報第九集，時潮社，177－197 ページ

Granovetter, Mark, 1995, *Getting a Job: A Study of Contacts and Careers*, Second Edition, The University of Chicago Press.（渡辺深訳，1999，『転職―ネットワークとキャリアの研究』ミネルヴァ書房）
Habermas, J., 1981, *Theorie des Kommunikativen Handelns*, Suhrkamp.（馬場孚瑳江・脇圭平訳，1987，『コミュニケーション的行為の理論（下）』未来社，284－434ページ）
早瀬昇，1998，「NPO法が開く行政・企業とNPOの新たな関係」『都市問題研究』第50巻第12号，15－26ページ
細内信孝，1999，『コミュニティ・ビジネス』中央大学出版部
五十嵐敬喜・小川明雄，1997，『公共事業をどうするか』岩波書店
Illich, I. 1981, *Shadow Work*.（玉野井芳郎他訳，1982，『シャドウ・ワーク』岩波書店）
伊藤裕夫，1997，「NPOの実態と期待との狭間―欧米ならびに日本の動向から―」『都市問題』第88巻第4号，東京市政調査会，5－21ページ
自治省行政局行政課，1997，『地縁団体の認可事務の状況等に関する調査結果（平成8年度）』
叶堂隆三，1999，「地域住民組織による在宅高齢者福祉活動」日本村落研究学会編『年報村落社会研究35　高齢化時代を拓く農村福祉』農山漁村文化協会，185－216ページ
菅野正，1992，『農民支配の社会学』恒星社厚生閣
経済企画庁国民生活局編，1997，『市民活動レポート市民活動団体基本調査報告書』大蔵省印刷局
菊池美代志，1973，「居住空間と地域集団」倉沢進編『社会学講座5　都市社会学』東京大学出版会，127－150ページ
倉沢進，1977，都市的生活様式論序説」磯村英一編『現代都市の社会学』鹿島出版会，19－29ページ
倉沢進，1990，「町内会と日本の地域社会」倉沢進・秋元律郎編『町内会と地域集団』ミネルヴァ書房，2－26ページ
Luhman, N., 1996, *Protest*, Suhrkamp.
松下啓一，1998，『自治体NPO政策―協働と支援の基本ルール［NPO条例］の提案』ぎょうせい
Melucci, A., 1989, *Nomados of the Present*. Keane, J. & Mier, P.（ed.）Hutchinson Radius.（山之内靖・貴堂嘉之・宮崎かすみ訳，1997，『現在に生きる遊牧民―新しい公共空間の創出に向けて』岩波書店）
中野敏男，1999，「ボランティア動員型市民社会論の陥穽」『現代思想』5
中村陽一，1996，「都市の生活者ネットワーク」『岩波講座 現代社会学 第18巻　都

市と都市化の社会学』岩波書店, 75-90 ページ
中村陽一, 1997,「ボランタリーな市民活動の非営利組織」『非営利・共同セクターの理論と現実―参加型社会システムを求めて―』, 日本経済評論社, 398-422 ページ
西澤晃彦, 1996,「『地域』としての神話」『社会学評論』47(1):47-62 ページ
大内田鶴子, 1999,「草の根の自治の技術―自治会・町内会規約の考察―」『社会学評論』49(4):27-44 ページ
越智昇, 1990,「ボランタリー・アソシェーションと町内会の文化変容」倉沢進・秋元律郎編『町内会と地域集団』ミネルヴァ書房, 240-287 ページ
塩原勉, 1993,「ターミナルとネットワーク―人間関係における結びつきのパラドックス」石川実・大村英昭・塩原勉編著『ターミナル家族―家族のゆらぎと新たな起点』NTT 出版, 149-171 ページ
新藤宗幸, 1998,『地方分権』岩波書店
園部雅久, 1984,「コミュニティの現実性と可能性」鈴木広・倉沢進編『都市社会学』アカデミア出版会, 315-342 ページ
総務庁編, 1999,『高齢社会白書(平成 11 年版)』大蔵省印刷局
総務庁統計局編, 1998,『日本統計年鑑』日本統計協会・毎日新聞社
総理府内閣総理大臣官房男女共同参画室, 1999,『男女共同参画白書(平成 11 年版)』大蔵省印刷局
杉田憲正, 1981,「自治会, 町内会等のいわゆる住民自治組織の実態調査結果の概要(上)」『地方自治』NO. 407, 35-48 ページ
田中重好, 1985,「町内会と町内社会」地域社会学会編『行政と地域社会』時潮社, 155-197 ページ
田野崎昭夫編, 1985,『企業合理化と地方都市』東京大学出版会
富沢賢治, 1999,『社会的経済セクターの分析―民間非営利組織の理論と実践―』岩波書店
東京都生活文化局コミュニティ文化部振興計画課, 1997,『東京都内における町内会・自治会の実態調査報告書』
東京都生活文化局消費生活部流通対策課, 1998,『市民団体の経済活動と非経済活動』東京都政策報道室都民の声情報公開課
鳥越皓之, 1994,『地域自治会の研究―部落会・町内会・自治会の展開過程―』ミネルヴァ書房
築山秀正, 1996,「地域住民組織と行政」田野崎昭夫編『地域社会計画の研究』学文社, 141-160 ページ
渡戸一郎, 1998,「90 年代後期東京におけるコミュニティ施策の転換―「コミュニティ」と「市民活動」の交錯を超えて―」『都市問題』第 89 巻第 6 号, 15-27

ページ

Wirth, L., 1938, Urbanism as a Way of Life, *The American Journal of Sociology*, Vol. 44, the University of Chicago Press. (高橋勇悦訳, 1965, 「生活様式としてのアーバニズム」鈴木広訳編『都市化の社会学』誠信書房, 127－147 ページ

山岡義典, 1998, 「市民活動の全体像と諸分野」山岡義典編著『NPO 基礎講座 2―市民活動の現在』ぎょうせい, 1－28 ページ

吉原直樹, 1990, 「大都市地域住民組織の変容」『東京―世界都市化の構図』青木書店, 137－164 ページ

吉原直樹, 1999, 「都市社会学の新しい課題―新たな空間認識を求めて」藤田弘夫・吉原直樹編『都市社会学』有斐閣, 236－251 ページ

第5章　過疎地域の問題と再生
──過疎の山村に未来はあるのか？──

首都東京の周辺地域，一都六県に限定しても，国から過疎地域としてお墨付きをもらっている町村は40を軽く超える。農山漁村地域の過疎化は日本の急激な経済発展がもたらした産物であり，都市の過密化と表裏の関係をなす。過疎化の問題を考えることは家族や地域社会の変貌を理解し，日本社会の変動の過程を理解することにつながる。

写真：東京都西多摩郡檜原村人里（へんぼり）

はじめに

「南谷奥の数馬は，650メートルから750メートルの高所に家々が点在する。数馬小学校が700メートル，880メートルの地点まで家が建っている。……北谷は藤原小学校が475メートル，最高人家は藤原地区にあり，約800メートルである。本宿と600メートルの高距の内に，1097戸が散らばっている。各字による気象の違いは当然大きい。……本宿は雨でも，数馬は雪だった，という話をよく聞く。……空が狭い檜原では，民家は水平にならぶ余地がなく，上へ上へとのびていく。尾根筋の途方もなく高いところまで民家が見える。どうしてあんな高い不便なところに住んでいるのかと，他所者は誰でも不思議に思う。二男三男で，下の家が一杯になって，やむなく上にいったのだろう，と考える。しかし，古老にいわせると，檜原の里は上から下りてきたのだ，という。」

これは，瓜生拓造氏が『檜原村紀聞』(1996)のなかで書いている一説である。檜原村の存在を知らない人は，これはよほど田舎の山村のことと思うかもしれないが，実はれっきとした東京都の一地方自治体である。この著書の執筆された昭和52年ごろは，オイルショックによってわが国の高度経済成長も終焉し，経済の低成長時代に入った時期であり，大都市への急激な人口集中と農山村の急激な人口流出という現象がやや小康状態を見せた時期である。この時期，檜原村は島嶼部を除くと当時過疎地域に指定された東京都で唯一の地方自治体であった。しかし，過疎化の進行はその後も歯止めがかからず，平成8年には奥多摩町が追加指定され，東京都は本州に二つの過疎地域町村を抱えることになった。

日本の人口の多くが都市に居住するようになった今日，農村とくに山村過疎地域の問題は都会人とは疎遠な問題として視野の外におかれがちである。しかし，過疎地域において今日生じている高齢化や家族に関する諸問題は，将来の

都市にも起こりうる問題である。なぜならば、現在若い人々が多く居住する新興都市地域も流入人口が止まることによって数十年後には高齢者が多く居住する地域に変貌するであろうし、小家族（世帯）化および個人化の進行は都鄙を問わず進行し、高齢者の生活問題はさらに重要な関心事になることが予想されるからである。

　農山村は都会人のルーツとして多くの民俗や伝統が生まれた場所であり、現に（祖）父母の居住している場所でもある。田舎のない都会人にとっても農山村は憩いとリフレッシュメントの場所として機能しうる場所である。いかに合理的で生活しやすいとしても、コンクリート造りの都市のみの社会では果たして人間的欲求を満たすのに十分といえるかどうか疑問である。こうしてみると、都市に生活する人々も今一度農山村の生活と現情について考えてみるのもあながち無駄ではあるまい。

　以下の論述は、過疎の概念をキーとして、過疎化とは一体何を意味するのか、その現況はどのようなものであるのか、いつ頃から、なぜそのようなことが起きたのか、過疎の何が問題なのか、それに対するどのような対策がとられてきたのか、また何故に過疎対策が必要とされるのか、そして過疎地域の再生の可能性はあるのか、といったパースペクティブから考察しようとするものである。

1. 過疎とは

　社会学の分野で過疎というタームが重要視されるようになったのは、さほど古いことではない。1958年に発刊された『社会学辞典』をみると、経済学的な適度人口論を元にした過少人口、過剰人口というタームの説明はみられるが、過疎や過密というタームやその問題についての記述はみられない。ようやく1977年刊の『社会学小辞典』において「過疎問題」,「過密問題」, 1986年刊の『新教育社会学辞典』において「過密・過疎」、および1988年刊の『社会学事典』

において「過疎／過密」という項目が立てられ，一つの学術的なタームとして市民権が与えられるようになった[1]。

社会学辞(事)典の過疎項目掲載の変化は，日本の過疎化の進行を反映するものである。すなわち1950年代前半はまだ戦後の復興期であって，過密や過疎の問題が噴出する以前の状態であった。しかし，1956年度の経済白書が「もはや戦後ではない」と高らかに宣言し，1960年には池田内閣が国民所得倍増計画（1961〜70年度）を策定するにおよび，人口の都市への集中と農山漁村からの流出が急速に進行した。若者たちは経済的に有利な職場と都市の魅力に惹かれて，都市に向かった。東北の農山村地域ではもともと出稼ぎによる季節移動が多かったが，産業構造の変化によって第一次産業が衰退してくると，壮年層の人口流出も進んだ。過疎化は1960年代から70年代にかけて深刻さを増し，地域問題として社会学的問題関心の射程に入ってきたのである。

人口流出が過度に進行すると，過疎地域にはさまざまな弊害が現れてきた。利用者の減少による交通機関の廃止，学校や保健医療機関の統廃合，消費力の低下による小売り商店等の閉店があいつぎ，地域行事運営上の支障はいうまでもなく，かつて行われていた共同の生産活動や防災・防火・防犯といった基本的な活動さえ十分にできなくなるなど，それまでの生活水準を維持することさえ困難になってきた。税収入の減少にともない役場のサービス機能も低下せざるをえなくなった。他方，都市については人口の急激な増加によって，工場等の密集による公害問題の発生，公共施設建設や行政サービスの対応の遅れ，劣悪な都市環境と生活機能の麻痺といった問題が生じてきた。

過密および過疎というタームは，こうして単に人口の過剰な流入や流出を意味するだけではなく，それによって地域の機能が著しく衰弱し，住民にとって生活に支障が出る状態を意味する言葉として登場してきた。過疎という言葉が公文書の中で最初に使われたのは「経済社会発展計画」（1967年3月13日閣議決定）においてで，次いで「経済審議会地域部会報告」（1967年10月30日）においてであるといわれる。そこにおいて過疎とは「人口減少のために一定の生

活水準を維持することが困難になった状態」と定義された。

　人口減少とはどのくらいの減少をいうのか，一定の生活水準とは何を指すのか，また困難の内容は客観的に指示されうるのか，といった問題が残ることはいうまでもない。たとえば，ある地域において過疎化が進行しすぎてもうこれ以上減少すべき人口がなくなってしまえば減少率は低下するであろう。こうした場合，過疎地域を人口減少率だけで定義すると，定義上その地域は過疎地域とはいえなくなってしまう。また，市町村レベルか，それとも行政村ではなく自然村としての集落単位でみるかによって，過疎の判定は異なるであろう。行政単位としては過疎でない地域のなかにも過疎地域が存在することは少なくない。人口減少という指標だけで捉えれば東京のど真んなかでも過疎化が起こりうるのである。さらに，過疎を人口密度で定義すると，世界中至る所に過疎地域が存在することになるが，だからといってこれらの地域が，日本の過疎地域が抱えている問題をもっているというわけではない。逆に，過疎地域を生活の機能障害（問題）から捉えると，過疎地域だけが生活機能障害を生ずるわけではないので，これまた不十分な指標にすぎない。

　したがって，過疎を厳密に定義しようと思うといろいろと問題は出てくるが，ここではひとまず上記審議会の定義をスタンダードなものとして踏襲しておきたいと思う[2]。

2. 過疎地域の分布と偏り

　過疎法の定義によると，平成11年4月現在における過疎地域市町村（以下，過疎市町村）数は1,230で，全市町村数に占める割合は38.1%である。過疎市町村で生活している人々は7,965,656人（平成7年）で，総人口の6.3%にすぎないが，過疎地域の面積は184,748.79km²であり，国土の48.9%を占めている[3]。
　以上は過疎地域の市町村数と人口および面積を日本全体として鳥瞰的にみた場合であるが，現実の過疎地域は日本各地に平均して分布しているのでもなけ

れば過疎化の程度が同じなのでもない。過疎市町村比率（全市町村数に占める過疎市町村数の割合）は，大分県，鹿児島県および北海道では7割を越えるのに対し，大阪府と神奈川県はゼロ，滋賀県，埼玉県，千葉県，東京都，栃木県は1割以下にとどまる。全市町村人口に占める過疎市町村人口比率は，鹿児島県では35.2%にのぼるのに対し，大阪，神奈川をはじめとして東京，埼玉，滋賀，千葉，富山の各都府県では1%にも達していない。また，全市町村面積に占める過疎市町村の面積比率では，鹿児島県，大分県，高知県が7割を越えているのに対し，大阪府と神奈川県は当然ゼロ，千葉県と滋賀県は1割以下にすぎない。

　過疎市町村は九州，中国，四国，中部山間，東北，北海道と，日本列島のほとんどの地方で見られるが，その集中度は同じでない。過疎地域の分布には一定の法則があり，それは，離島は別として，おおむね海岸線からの距離と大都市からの距離によって測られる。すなわち，過疎地域は内陸部になるほど，また大都市から離れれば離れるほど多くなる。大都市の多くは太平洋ベルトの平野部にあるから，結局のところ過疎地域は山間部に多く出現することになる。それは工場・企業の立地条件の問題と関係し，貿易型産業に依存せざるをえない日本経済の性格を素直に反映している分布ともいえよう。

　大都市への人口集中現象は，東京・大阪・名古屋の三大都市だけでなく他の地方大都市においても同様に見られる。一般に九州地方は過疎市町村が多いが，同じ九州地方でも福岡県は相対的に過疎市町村比率が低い。同様に四国4県の中では香川県は他の3県と較べて過疎市町村比率が低く，東北6県の中では宮城県が他の5県と較べて過疎市町村比率が著しく低い。過疎市町村を多く抱えた地方レベルにおいても地方大都市への人口集中現象があり，その結果，過疎化傾向の地方版としての分布の偏りが見られる。すなわち過疎市町村の分布には国全体における偏りと地方レベルにおける偏りという，二重の偏りがみられるのである[4]。

　過疎地域市町村分布の偏りは単なる偏り以上のものである。過疎市町村は人

口が減少しているだけではなく，財政力が弱く，若者の比率が低い上に老人の比率が高い地域でもある。過疎地域の財源としては，地方税収入の脆弱なことから地方交付税に依拠している部分が大きい。また，道路整備をはじめとする過疎地域対象の国庫補助金の補助も大きい。さらにこれらに加え，都道府県からの支出金も小さくはないが，過疎対策をとろうとする際に，全市町村の半数以上が過疎市町村である地方公共団体（14道県）は，それが1割以下の地方公共団体（7都府県）と同じ密度で過疎市町村への財政的支援やサービスを供給できるとはとても思えない[5]。その結果，過疎市町村の分布の偏りは，過疎地域住民間の生活格差となって現れることが予想されるのである。

3. 過疎の進行と原因

かつて，農家の次・三男や娘たちが工員として都市部へ流出したり，豪雪地帯の人々が農閑期に出稼ぎに行くことはごく当たり前のことであった。農村の余剰人口の口減らしや余剰労働力のだぶつきを解消するために，都市への流出という現象は農山村においてむしろ必要なことでさえあった。しかし，戦後になると産業構造は一変し，農山村からの労働力は食い扶持を減らすといった次元を越えて限りない流出をはじめた。都市と農山村との生活格差が広がり，都市の人口吸引力が急激に増大することになったからである。その最大の原因は昭和30年代からの高度経済成長による就業構造の変化と第二次，第三次産業の人手不足であった。昭和40年代には流出人口は農家の次・三男に留まらず，中高年層にまでおよんだ。とくに西日本地域での過疎化は激しかった。

農村の労働力が都市に引き寄せられる理由は都市と農村との間の所得格差に他ならない。農村を都市近郊，平地農村，農山村，山村と分けた場合，この順に所得が少なくなっていき，農業を主とする農山村と林業をを主とする山村において人口の流出がもっとも多いという過疎化のヒエラルヒーが形成されてしまった。

戦後の工業化は石油やガスを用いるエネルギー革命を起こし，かつて日本において広く使われていた木炭や薪といったエネルギーを一掃した。日本標準産業分類に製薪業や木炭製造業という分類が見られるが，かつては山村の人々を潤していたこれらの産業カテゴリーは今や死語と化している。エネルギー革命は山村の人々の生活を危機に陥れた。

また，エネルギー革命は炭だけではなく石炭の急激な生産減少を引き起こした。日本各地の炭坑が閉山の憂き目にあい，炭坑夫は別の仕事を探さなければならなくなった。外国から安価な原料が輸入されることによって，石炭のみならず他の鉱物資源の採掘も採算がとれなくなった。日本標準職業分類に見られるところの採鉱・採石作業者という職業カテゴリーも今や死語になった。炭坑や鉱山の閉鎖によって，かつては活気に溢れていた山間の町が一気にゴーストタウン化してしまった。

産業構造の変化に規定されて，社会構造の変化も著しくなった。家の存立基盤が崩壊し，親族関係の拘束力が弱体化することによって地域の伝統的な社会組織を維持・存続することが不可能となった。また交通やマスメディアの発達により都市的情報と都市的生活様式が農山村に浸透してくることによって，旧来の地縁的な結束や地域慣行，伝統的な行事はますます崩壊した。農山村の若者は仕事の見込みのない故郷に愛想を尽かし，魅力に溢れた都市に夢を抱いてどんどん流出していくことになった[6]。

乗本吉郎 (1989) によると，過疎は三段階のステップを踏んでその深刻度を増してきたといわれる。昭和30年代から40年代前半が過疎の第一段階で，全国の農山漁村や離島から中学生たちが都市の工場地帯へ集団就職として出ていった。人口の激減がおこり，孤立化した山村では挙家離村という現象も起き，廃屋と化した家々がマスコミで報道され，過疎のイメージがつくられた。昭和40年代後半から50年代前半は過疎の第二段階である。人口減少は一段落したが，山村にいながら山林ももたない零細な底辺階層の農家が，とくに社会問題化されることもなく徐々に姿を消していった。そして昭和50年代後半からは第三

段階に入り，村に残ったより上層の「重立ち農家」が後継者不在のために消滅しはじめた。

　第二段階の過疎化に突入した昭和45年に，ようやく最初の過疎法（過疎地域対策緊急措置法）が公布・施行されることになった。

4. 過疎地域の社会問題

　過疎の進行が地域経済力の衰退によって起きたように，過疎地域の問題は第一に雇用と労働のチャンスの問題である。過疎地域といっても過疎化の程度はさまざまであるが，たとえば首都圏の過疎地域では道路が比較的よく整備されており，車で通勤可能な範囲に地方都市もあるために，職場が居住地ではなく少し離れた市や町にある人も少なくない。筆者らが行った調査から例を引けば，農林業を主な職業としている人々はせいぜい4分の1ほどにすぎない。しかし，高齢化が進んでいることと，地方の賃金水準は大都市と較べて低いことから年収は全国平均にはるかに及ばない。平成10年の家計調査によると，わが国勤労者世帯の1ヶ月の実収入は588,899円であり，これを年収にすると700万円を超えるが，過疎地域では8割以上の世帯が年収600万円以下というところもある[7]。

　過疎地域では家庭を形成することも容易でなくなりつつある。男性の未婚率は，都市近郊農村で低く，都市部と過疎農山村で高いという指摘がある（徳野1998）。近郊農村は家や地域の婚姻圧力が高いだけでなく都市部とのアクセスも容易なため未婚女性との接触チャンスが多いのだが，過疎地域になればなるほどそのようなチャンスが乏しくなるため未婚率は増大する。農業労働は長時間にわたることに加え，生活と労働とのけじめのなさ，古い因習の残存等が若い女性の不評を浴び，花嫁不足は慢性化し，フィリピン，韓国，ブラジル等，外国から花嫁を募集せざるをえない地域すらある（光岡 1996）。過疎の農村では今や嫁が来ないことにより村が解体するという問題が現実のものとなってい

る。

　過疎地域の少子化は全国的な少子化を先取りする形で始まった。過疎地域小学校の平均児童数は昭和46年から平成10年の間に158人から94人に減っている（全国平均では383人から314人）。子どもの数が減少することによって過疎地域の学校の統廃合が行われ、同期間に小学校数は6,910校から5,064校に減少した（全国では24,790校から24,050校）。分校は1,014校から242校に激減した。その結果、遠距離通学児童比率は同期間に6.6％から8.7％へと増大した。中学校においてもほぼこれと同じ傾向がみられる（過疎対策の現況）。

　過疎地域の高齢化が、過疎地域農業の近代化の遅れと、その結果としての農業の衰退をもたらすことは既に指摘されていた。直系家族が崩壊し、子どもたちが都市部へ流出し、独居老人が増えることによって、農業の継続どころか誰が老人の生活を支え、介護をし、また老人集落化した地域社会を誰が維持してゆくかということが極めて切実な問題として浮かび上がっていたのである（過疎地域問題調査会 1976）。しかし、その問題は効果的な改善方法も見つからないままに、今日に至っている。

　過疎地域の高齢者は決して高い収入があるわけではないが、意識調査をしてみると一般に生活に満足感をもっている人が少なくない。商店や娯楽施設がないことによる消費面での不満もないことはないが、都市での生活と違い山村での生活は、たとえ急峻な痩せこけた畑ではあっても作物を栽培することができ、それを商品化することはできなくとも老人の半自給自足的生活を助けてくれる。わずかな国民年金だけでも健康でありさえすれば老後の生活を可能にしてくれるのである[8]。したがって、過疎地域の高齢者の将来に対する不安は、経済的なものというよりもむしろ健康や孤独といったものに向けられる。病気をしたときにどのようにして病院にいくか、誰が看病をしてくれるのか、体が不自由になったとき誰が介護してくれるのか、子どもたちが他出し親族・地縁関係も薄くなったときに、誰が孤独を癒してくれるのか、これらが最も大きな問題なのである。

過疎地域における高齢者の自殺を調査した研究は，自殺者の家族的背景は，配偶者に先立たれた人が半数を超え，世帯主としての地位も子どもに移譲し，子どもに扶養されている形をとる高齢者が多いことを指摘している（松本 1989）。働けなくなったら生きてゆく価値がないとする死生観の指摘や（澤田 1989），家機能の解体と家の美徳を強調する家族規範の同時存在を指摘する研究もみられる（山本 1995, 1996）。

　こうした研究は，高齢者にとって伝統的な拡大家族（すなわち親子の同居）が望ましいとは単純にはいい切れないことを教えてくれよう。根底には家族形態よりも親子間のコミュニケーションの問題があるといわねばならない。老人の自殺と家規範の残存との関連性は必ずしも明確ではないが，家族と住民が目標も価値も失い社会解体的状態に陥っている過疎地域も出てきていることは否定できない。たとえそこまで悪化していないまでも，防犯・防災(安全)の問題，地域行事の遂行の問題，財政難からくる地域行政の後退の問題等々，過疎地域をめぐる社会問題は文字通り山積しているといわなければならない。

5. 過疎対策とリゾート開発の幻想

　生活困難地域に対する政府の対策はこれまでにも離島振興法，豪雪地帯対策特別措置法，山村振興法等によって実施されてきたが，過疎という概念にもとづく本格的な対策は過疎法の成立を待たなければならなかった。過疎法は時限立法としてこれまで三回の改変が行われつつも継続され，平成12年4月には第四回目の過疎法として生まれ変わろうとしている。

① 昭和45年4月24日〜昭和55年3月31日　過疎地域対策緊急措置法
② 昭和55年4月1日〜平成2年3月31日　過疎地域振興特別措置法
③ 平成2年4月1日〜平成12年3月31日　過疎地域活性化特別措置法

　これらの法律が制定された目的を追ってみると，①は人口減少をくい止めることであり，②は地域の生活水準や生産機能を改善することであり，③は民間

活力を活性化し，地域の個性を生かした地域づくりをすることであった。政府の自己評価としては，①では人口の過度の減少を防止し，②では道路の舗装・整備によって地域振興が促進され，③では高齢者に関する事業が促進された，とされる。昭和45年から投入された過疎対策事業費の総額は①が7兆9千億円，②が17兆4千億円，③は36兆5千億円と鰻登りに嵩んでいき，その支出の大半が道路の整備に費やされた（過疎地域の現況）。確かに過疎の村々を車で走ってみるとどんな山奥でも道路が舗装されており，莫大な税金がつぎ込まれたことがよく分かる。しかし，平成10年度版の過疎白書によれば，指定された過疎自治体は当初の数からほとんど減っておらず，むしろ新たに指定されるところすら出ているのが現実であり，一体過疎対策は効果を上げたといえるのかどうか疑問に感じる人がいてもおかしくはない。

　③の過疎法が成立した平成の始めのころは，日本の景気が頂点に達し，リゾートという言葉が流行語のようにはやった。リゾート開発はとくに過疎地域にターゲットを絞っていたわけではないが，その計画のなかには良好な自然環境を活用することを通して過疎地域の振興にも役立つという意図が含まれていた。リゾート開発の根拠を与えた総合保養地域整備法には「良好な自然条件を有する」所で民活による開発を促進することが謳われており，これは必然的に過疎地域を含むことを示唆し，③の過疎法の掲げる民活の目的とも合致するものであった[9]。

　このリゾート開発は，産業都市計画，日本列島改造論，テクノポリス構想等々，戦後の一連の地域開発の延長線上に位置づけられるものであるが，その特徴は少なくとも二つある。一つは戦後の産業振興政策によって生じた地域間格差を是正する目的から，従来の地域開発で後まわしにされていた過疎地域をも射程に入れたこと，そしてもう一つは，国が開発を後押しする形で，民間企業と地方行政が開発の主体となって行うこと，いわゆる「民活」を旨としたことであった。

　都道府県は重点整備地区を画定して基本構想を作成し，政府の承認を得るた

めに右往左往することになった。地方自治体にとっても，農地転用や税金等の優遇措置を得ながら地域振興が図れるのであるから，ともかくもリゾート開発をしてもよいという承認を得ることが先決問題であった。とくに重点整備地区に組み込まれた末端の行政である市町村は，開発のためのプロジェクトチームを発足させ，図面に開発の夢を描いた。平成4年3月時点で，実に35道府県が基本構想を作成，承認された。関係市町村は123市389町90村に及んだ。これらの地方自治体が構想した開発は，たとえば，ゴルフ場，ホテル，コンドミニアム，スキー場，マリーナ，クアハウスといった施設の建設であった。平成5年，宮崎県一ツ葉海岸にオープンした巨大なプール「シーガイア」は，昭和63年に宮崎県が「宮崎・日南海岸リゾート構想」という名称で早々と承認を受けて実現した，リゾート法にもとづく開発第一号であった。

　そもそもリゾート（resort）とは，労働によって疲れた心身を休め，新たな労働力と労働意欲を再生産するための保養・休養・レクリエーションをする所を意味する（佐藤 1990）。わが国において一般大衆の間にこのような場所を求める考えが広まってきたのは，生活の質が問題にされるようになった経済の高度成長期以後のことである。もちろん，一般大衆を対象にした観光はそれ以前からあったが，それは大衆にとっては短期的な，特別の行事としての「骨休め」や「行楽」であって，個人や家族のライフスタイルとして労働と対等のウェイトをもつものにはなりえていなかった。昭和の末から平成の初めに巻き起こった熱狂的なリゾートブームには，経済の繁栄と国民所得の増大を背景にして，生活の質の向上を求める大衆の生活と意識の変化があった。

　生活の質というのは一つではなくさまざまな質があるはずであるから，リゾート開発といっても多様な形が考えられるはずである。しかし，この時期に展開されたリゾート構想は，ゴルフ場やテーマパークの建設，スキー場や大規模なリゾートマンションの建設といった，どこをみても金太郎飴を切ったような構想に終始した。経済的に豊かになった大衆の欲求に火をつけ，いかにして多くの消費をさせるかという企業の戦略が，一見多様なようでいて方向性とし

ては結局どれもこれも似たり寄ったりの開発をとらせたのであった。

　平成3年5月には，リゾート法の重点整備地区の指定を受けながら，計画の変更や中止に追い込まれる自治体が23道県にも及んだ[10]。その理由の第一はバブル経済の崩壊により進出企業が資金難に陥ったこと，第二は森林伐採等に対する住民の環境破壊反対運動が高まってきたこと，第三は開発にともない地方自治体は水道や下水，ゴミやし尿処理の周辺整備や，防災・防犯，病院等保健施設への対応も考えなければならず，環境整備のための財源の負担の問題が出てきたことである。また，そもそも計画の市場価値が低く企業の誘致ができなかった自治体も少なくなかった。無節操な開発の過程で企業や金融機関の不正融資が発覚するという事件も起こった[11]。

　リゾート開発は開発主体の側だけでなく，地域住民の側にも数多くの問題を提起した。地価が高騰し，税金が急上昇した。リゾート施設の建設によって地元の雇用が拡大する可能性は必ずしも大きくはなく，地域のイメージアップにつながるという期待はしばしば裏切られた。施設利用料金が高いリゾート施設を住民が利用することはないから，結局住民にとっては消費者としてのメリットもない。道路や下水道等が整備されても，マイカーを持たない老人たちにとっては生活の利便性が向上することにはつながらないし，下水道が無料で利用できるわけでもない。結局，企業の手によって過疎地域が高級リゾート地化することにより，地域住民一般の生活が改善される可能性はさほど大きくなく，むしろそれによって地域住民間の生活格差を拡大してしまう恐れすらあるのである。

　リゾート開発は，大衆の経済的豊かさの幻想と都市的生活様式の高級化志向をターゲットとして，企業は新分野へのバブル的な投資に熱中し，国は地域格差是正をたてまえに企業の後ろ盾となり，地方自治体は過疎からの脱却と活性化に過剰な期待をして，三者三様の利益への思惑が融合したところに引き起こされた。リゾート施設を享受する都市の大衆と，地域改善や雇用創出等により利益を受けるべき地域住民との間に，リゾートに関する共通の観念や期待はほ

とんどなかった。田舎で都市的な生活をエンジョイするために大金を使い、そこでほんの1, 2日過ごす都市の若者や家族が、囲われた空間（リゾート施設）のなかで田舎の人々と交流することなど、ほとんど不可能なことであった。過疎の山村がこうした政策によって救われることがないことはバブル経済の崩壊とともに明らかとなったのである。

6. 過疎地域の公益性と再生への道

　過疎地域に政府が巨額の補助金を投じ特別扱いすることに対して疑問をもつ人々も少なくないであろう。狭隘な急斜面にあり、しかも痩せている田畑で、人々は何故に苦労して農業をしなければいけないのか。交通は不便、上下水道や電気といった基本的な生活設備をはじめ学校等公共施設を作ろうにもコストがかかりすぎるような所で、人々は何故に生活を続けるのか。そのような所に住むのは勝手だとしても、そういう人々のために何故に全国民から集めた税金を余分に配布しなければならないのか。過疎地域で生活するのが苦しければさっさと都市へ移住すればよい、という考えが出るのも無理はない。

　実際、これまでの過疎化の進行は、まさにこのような考えをもつ若者が都市へ惹き寄せられていったために起こったものであった。そして、このような考えの人々が増え続ければ、前述した過疎化の三段階説のように過疎地域はますます荒廃し、いずれはみる影すらなくなるであろう。

　しかし、問題はこのような過疎地域無用論や無益論をそう簡単に認めてよいかどうかということである。過疎地域の問題性、あるいは産業や行政にとってのマイナス面を指摘することはたやすいが、過疎地域は超産業社会のお荷物的存在としてしかみることができないのであろうか。

　過疎地域を積極的に評価しようとするときに過疎地域の公益性という考え方が参考になるように思われる（前田 1994）。過疎地域には農業や林業を営む人々が住んでいるが、こうした人々の営為が結果として森林や土壌を保護し洪

水や崖崩れを予防することにつながる，というものである。たとえ痩せていて狭小であっても，水田には保水能力があるし，山里があることによって山の荒廃は防げる。森林は自然のダムの働きをしているが，もしも過疎地域が荒廃するとこうした森林や水田に代わるもの（ダム）を人工的に造る必要がでてくる。ある計算によると，それは全国で数兆円を超える莫大な費用に相当するといわれる。しかも仮にそのような人工のダムを造ったとしても，それに自然のものと同程度の機能をもたせることは難しい。

都市や平地に住む人々は，毎日飲んでいる水がどこから来るのか，いつも吸っている空気に酸素がいっぱい含まれるためにはどうあらねばならないか，今一度考えてみる必要があろう。都市住民が飲む水はその多くが山から流れてくるものであり，新鮮な空気は森林の光合成の作用によっている。都市の住民が豊富できれいな水と空気を得られるのは，こうした山や森林があるからであり，それを守っているのは過疎地域に住んでいる人々でもあることを認識すべきである。

さらにいえば，都会で生活する現代人にとって山村が保存されることの意味は，金銭的なコストでは現せない面もある。近年流行のアウト・ドア・ブームに現れているように，自然の中に心身の癒しを求めるレクリエーションは，仕事と喧騒に疲れた都会人のますます求めるものとなっている。このようなことができるのは山里があればこそである。山里がなければ道路もなく自然へのアクセスは遠のくばかりであって，都会人が自然に親しむチャンスは高嶺の花と化してしまうであろう。農山村のもっている伝統や風俗は即席にはつくれない歴史の重みをもっており，そのようなものを保存しそれに触れる機会を失わないことは都市住民にとってこの上ない恩恵とはいえないだろうか。

ところで，リゾート開発にせよ何にせよ，過疎地域の振興策は一体誰のためなのかを整理し見直す必要がある。企業，政府，地方自治体の三者三様の立場の違いや目的はそれなりに理解できなくはないが，地域社会において現に生活している住民の生活と意識を抜きに開発や再生を考えるとしたら，それはどこ

かが間違えているといわなければならない。

　一口に地域社会といっても今日では同質的な人々ばかりが集まっているわけではない。確かに，新しいことには消極的で古くからある伝統や慣行にしたがって生活している人々も少なくない。自動車もなく，わずかな老齢年金と山の斜面に作った自給用の小さな畑によって伝統的な生活を続ける老人は，その典型かもしれない。しかし，古い風習や慣行には否定的で新しい都市的なものをどんどん取り入れてゆこうとする人々も他方の極には存在する。そして，両極端の間には無数のタイプのライフスタイルが立ち並ぶであろう。

　過疎地域においては地域内の仕事が限られているので，若者は親の事業を引き継ぐか役場や地域内のいくつかの事業所に勤めることができる人以外は，必然的に地域外通勤とならざるをえない。中高年層でもそういう人々がますます増えている。とくに首都圏の過疎地域のような所ではマイカーの発達と情報化に助けられ，過疎地域での居住と地方都市での仕事場という職住の分離が可能となり，都市的ライフスタイルが促進されている。田舎へのＵターンや近くまで帰るＪターン，そして都会から田舎へ移り住むＩターンの人々にみられるように，田舎への憧れや都会生活に疑問を感じる人々も徐々に増えている。また，過疎地域の高齢者も，こうした若い人々のライフスタイルに影響されながら，単に古い伝統や慣行を金科玉条のように遵守する人々ではなくなっている。合理化の趨勢は現代社会の不可逆的な流れとなっているので，今後いかに伝統が見直されたとしても古い体質の田舎社会にタイムスリップすることは考えられない。すなわち，過疎地域住民のライフスタイルは，都市の快適な生活様式を取り入れながらも田舎暮らしの良さを見直そうという方向性を示しているように思われる。

　過疎地域は日本全国一様ではないし，一つの行政単位のなかでも集落ごとにみればその問題状況は同じようには扱えない場合も少なくない。一般的な議論に限界があることは承知の上であるが，過疎地域におけるこのようなライフスタイルの変化を考えるならば，これからの過疎対策は都市と農山村との境界を

より柔軟に考える発想が求められているということができるように思う。これまで過疎地域は孤立した山村の僻地というイメージでとらえられ，そこから都会の人々と田舎の人々との交流という発想がとられていたように思うが，これからはこの枠を超えて，人々が共に生活する場として都市と農山村間を自由に出入りできる地域づくりという発想が必要になってくるであろう。道路が整備され多様なメディアが利用可能となり情報量が飛躍的に増大している今日，都市と農山村の距離はかつてとは比較にならないくらい近づいている。これまでも広域行政による地方自治体間の共同事業が推進されており，また最近は再び各地で市町村合併の動きもみられるが，こうした動きがより豊かなコミュニティづくりという観点から過疎地域を除外することなく協力関係を築く方向に向かう必要があろう。一つの地域のなかに中都市ないし小都市を拠点とし，都市と農村そして山村をも含む広い地域の再編成が可能となれば，そのことによって地域としての自立性が強まり，地域の文化もより個性的に発展する可能性が開かれるのではなかろうか。

注

1) 土地や自然資源・生産技術・産業構造・人口の年齢係数などを一定とし，労働者一人当たりの最大収益が実現されるときの人口が適度人口であって，これをこれに達しない場合が過少人口，超える場合が過剰人口である。(福武他編，1958)
2) 安達生恒 (1981) は，過疎の概念が人口の減少と生活機能の麻痺に加えて，住民意識の面で「資本からの疎外」に加えて「普通農村からの疎外」という二重の疎外が引き起こされる悪循環過程であると指摘している。住民意識の側面を重視することは本稿の論旨とも一致するところである。
3) 過疎法（過疎地域活性化特別措置法（平成 2 年 3 月 31 日公布 4 月 1 日施行））による定義とは次のごとくである。
  ①人口要件
   ・昭和 35 年と昭和 60 年の国調人口を比較して 25%以上減少していること。
   ・昭和 35 年と昭和 60 年の国調人口を比較して 20%以上減少しており，高齢者（65 歳以上）の比率が 16%以上であること。

・昭和35年と昭和60年の国調人口を比較して20%以上減少しており，若年者（15歳以上30歳未満）の比率が16%以下であること。
②財政力要件
・昭和61年度から昭和63年度まで3年平均の財政力指数が0.44以下であり，かつ，公営競技に係る収入が10億円以下であること。

4) さらに，分布の偏りはこれにとどまらない。過疎の各市町村において過疎化の程度をさらに詳細に村落単位でみると，比較的人口が集中している中心的地区とこれから遠く離れた周辺地区とを比較すると，過疎化の状況は大きく異なる場合が少なくない。一般に村役場等の公的機関は中心地区にあり，そのような地区に住む住民は比較的人口も多く，生活に必要な施設やサービスを手に入れやすいのであるが，中心部から離れるにつれて生活環境の整備は著しく遅れ，下水道はおろか上水道や電気さえ引けないところもみられる。道路の整備とマイカーは普及したもののバス路線の廃止によって村の中心部に出てゆくのに丸一日がかりという老人さえいるのが現状である。これは「三重の偏り」ともいうべき現象である。

5) 過疎自治体の地方交付税依存と都道府県からの支出金は，前者が，平成9年度では歳入決算額の平均42.2%（全国では16.1%）を占め，後者が，同平成9年度歳入の9.6%（全国4.8%）を占める。

6) 今井幸彦ら（1968）は，昭和30年代後半から40年代前半における過疎地域の現情を「双頭の怪物」の一方として，ジャーナリストの立場からレポートした。

7) 筆者らが調査した首都圏過疎地域では，東京都秋川の源流に位置する檜原村では仕事をもっている人の約48%，山梨県笛吹川源流の三富村では約52%，群馬県神流川源流の上野村では20%が他地域に通勤している。また年収600万円以下の世帯は，埼玉県荒川源流の大滝村では81.3%，三富村では79.2%，檜原村では61.7%，上野村では78.4%，栃木県渡良瀬川源流の足尾町では74.8%であった。これらは調査年次と対象者の属性が同じでないので単純な比較はできないが，過疎地域の年収が総じて低いことを実証するためには十分であろう。
（前田，1993，吉岡，1995，1998）

8) 染谷淑子（1997）は，熊本県大浦町での詳細な調査報告書において，過疎地域の高齢者の経済生活が都市におけるそれを基準としては考えられないことを指摘しているが，首都圏過疎地域の調査においても同様のことがいえる。

9) 総合保養地域整備法（リゾート法，昭和62年6月9日公布・施行）第一条の目的には次のように述べられている。「この法律は，良好な自然条件を有する土地を含む相当規模の地域である等の要件を備えた地域について，国民が余暇等を利用をして滞在しつつ行うスポーツ，レクリエーション，教養文化活動，休養，集会等の多様な活動に資するための総合的な機能の整備を民間事業者の能力の

活用に重点を置きつつ促進する措置を講ずることにより，ゆとりのある国民生活のための利便の増進並びに当該地域及びその周辺の地域の振興を図り，もって国民の福祉の向上並びに国土及び国民経済の均衡ある発展に寄与することを目的とする。」

　リゾート法はプラザ合意以後の円高不況に苦しむ大企業を救済するためにつくられた法律で，地域振興は表向きで，実は大規模開発による内需の拡大が政府の意図であった，という考えもある（平成5年2月19日付朝日新聞「論壇」（藤原信））。

10) 平成3年5月25日付朝日新聞記事による。
11) 平成3年には，北海道選出の自民党代議士が開発をめぐる受託収賄の容疑で逮捕されるという事件も発生した。

参考文献

安達生恒, 1981,『過疎地再生の道（安達生恒著作集4）』日本経済評論社
今井幸彦編著, 1968,『日本の過疎地帯』岩波新書
瓜生拓造, 1996,『檜原村紀聞―その風土と人間―』平凡社ライブラリー
過疎地域活性化対策研究会編集協力, 1999,『過疎対策の現況（平成10年度版）』丸井工文社
過疎地域問題調査会, 1976,『過疎地域問題調査報告書―過疎地域における老人問題とその対策―』
佐藤誠, 1990,『リゾート列島』岩波新書
澤田徹郎, 1989,「コメント『農村の老人自殺』について―松本論文へのコメント―」日本社会病理学会編集委員会『現代の社会病理Ⅳ』垣内出版
染谷淑子, 1997,『過疎地域の高齢者』学文社
徳野貞雄, 1998,「農山村における『花嫁不足』問題」山本努・徳野貞雄・加来和典・高野和良『現代農山村の社会分析』学文社
日本教育社会学会編集, 1986,『新教育社会学辞典』東洋館
乗本吉郎, 1989,『過疎再生の原点』日本経済評論社
濱島朗・竹内郁郎・石川晃弘編, 1977,『社会学小辞典』有斐閣
福武直・日高六郎・高橋徹編, 1958,『社会学辞典』有斐閣
前田征三, 1993,『リゾート開発と住民の対応』（科研費補助金研究成果報告書）
前田高志, 1994,「農山村地域の公益的機能」橋本徹・大森彌編『過疎地域のルネッサンス』ぎょうせい
見田宗介・栗原彬・田中義久編, 1988,『社会学事典』弘文堂
光岡浩二, 1996,『農村家族の結婚難と高齢者問題』ミネルヴァ書房

松本寿昭，1989,「農村の老人自殺とその家族的背景」日本社会病理学会編集委員会『現代の社会病理IV』垣内出版
山本努, 1995,「過疎地の社会解体自殺の分析から」日本社会病理学会編集委員会『現代の社会病理IX』垣内出版
山本努, 1996,『現代過疎問題の研究』恒星社厚生閣
吉岡雅光, 1995,『過疎地域における高齢化問題の比較研究』（科研費補助金研究成果報告書）
吉岡雅光, 1998,『高齢化の意識・行動と家族コミュニティの対応に関する比較研究』（科研費補助金研究成果報告書）

第 Ⅲ 部

学校社会と企業社会へのパースペクティブ

第6章　教育問題と大人社会の変化

小学校の大きな行事の一つである運動会。楽しみにしている子どもも多い。最近ではテレビゲームの普及、習い事などで忙しく、戸外で思いきり体を動かして遊ぶ子どもの姿はあまり見られなくなった。身長の伸びは著しいが、体力・運動能力は低下傾向にある。体・徳・知の適切なバランスが望まれる。

1872（明治 5）年，日本に初めて学制が敷かれ，小学校を設けて義務教育が行われた。1947（昭和 22）年，義務教育で 6・3 制が敷かれ，小学校から大学まで 6・3・3・4 制ができあがった。1992 年，隔週週休 2 日制が始まり，2002 年には完全な週休 2 日制が実施されようとしている。学校制度が始まって約 130 年，現在の日本の学校教育においてさまざまな問題が生じている。その背景には，1960 年代の経済成長から始まって，1970 年代後半の GNP 第 2 位，80 年代，90 年代の経済的な成熟社会，90 年代半ばから始まった平成の大不況と社会における経済状態の変化，人々の意識の変化がある。

　本章では，教育の機能，学歴社会の浸透・閉塞感，現代社会で生じている教育の問題をとりあげて，大人社会の変化とそれらとのかかわりについて，社会学的な視点で考えてみたい。

1. 教育の機能

　社会学において教育について語った古典的な学者に，ウェーバー，デュルケーム，パーソンズをあげることができる。マックス・ウェーバーは，学問の実践的意義として第一に価値自由をあげ，次に技術的知識と日常的な物の考え方の訓練をあげている（Weber 1919，浜井 1982：138－141）。エミール・デュルケームは，1870 年からはじまった普仏戦争でドイツに敗れたフランス祖国の再建を彼自身，学問に打ちこむことによって，また教育を通して国民に働きかけることによって果たそうとした。『道徳教育論』（1925 年）が死後公刊され，そのなかで道徳性の要素として① 規律の精神　② 社会集団への愛着　③ 自律の精神をあげている（麻生・原田・宮島 1978：46－106）。デュルケームの提唱したこの道徳的社会化の機能は，とくに小学校で重視された。

　パーソンズは，学校の果たす社会化の機能に，認識的(cognitive)機能，感情的(affective)機能，道徳的(moral)機能，そして本質的(constitutive)機能として威信をあげている（Parsons 1973：51，188－191）。ここでいう社会化機能と

は，個人の内部に将来，役割遂行の要件として欠かせないコミットメント(commitment)や能力を発達させることである。具体的には，カリキュラムにおりこまれている知識や技術，つまり「認識的」文化の伝達と内面化，家庭のなかでは身につけることのできないより高次の社会的価値と規範の内面化を主なものとしてあげている（Parsons 1961，丹下 1973：173-174，184-188）。

日本における教育と社会のかかわりについての研究は，教育社会学として成立し戦後アメリカの影響のもとに発展した。1948年，日本教育社会学会が設立され今日に続いている。

2. 学歴社会の浸透・閉塞感

学歴とは学校教育に関する個人の経歴をいい，学歴によってその個人の社会的地位が規定される程度の高い社会のことを学歴社会という。

日本においては，明治維新の後，1872（明治5）年に学制が敷かれて約50年たった1920年以後，学歴の取得が社会的地位に結びつくとする考えが定着してきた。

戦後，1947（昭和22）年，新学制の実施で6・3・3・4制となり，義務教育ではない高等学校への進学率が急速に上昇した。それは1955年に51.5％となり，1965年に74.2％，1975年に92.0％と10年ごとに約20％ずつ上昇し，1998年には96.8％になっている（文部省「学校基本調査」）。こうして高校までの12年間は現在準義務化している。

さらに，高校進学率の上昇が一つの大きなプッシュ要因となって高等教育の拡大につながった。大学・短大への進学率は，1955年10.0％であったが，1963年には15％を超えた。その後，1965年16.9％，1975年37.7％，1985年37.6％，1995年45.2％と上昇し続け，1998年では48.2％（大学36.4％，短期大学11.8％）になっている（文部省，同書）。

アメリカの教育社会学者トロウ（M. Trow）は，高等教育の発展を3段階に分

け，進学率が15％までをエリート段階，15％以上50％までをマス段階，50％以上をユニバーサル段階とし，高等教育の機能もそれによって異なってくるとしている。エリート段階からマス段階機能においては，伝統的専門家の養成から多様な専門的職業人の養成へ，エリートの育成から教養ある市民の育成へと転換される。さらにユニバーサル段階では，高等教育を受けることが万人の義務であるかのようにとらえられ，新しく広い知識・技能の提供が要求される。トロウの説に従えば，日本の高等教育はユニバーサル段階に移行しつつある。

学歴社会の浸透を，もう少し詳しくみてみよう。

1960年代に始まった高度経済成長政策の結果，日本の産業構造は大きく変化した。国勢調査によると，1960年から1970年，1980年において，第1次産業従事者（農業，林業，漁業など）は32.7％→19.3％→10.9％，第2次産業従事者（建設業，製造業など）は29.1％→34.0％→33.6％，第3次産業従事者（卸売，小売業，飲食店，サービス業，運輸・通信業など）は38.2％→46.6％→55.4％と変化している。第2次産業，第3次産業においては，そこで使われる知識・技術は学校教育を通して習得されることが多かったので，学校に対する信頼が高まっていった。とくに日本では学歴による職業資格制度が強かったので，学校教育の内容や程度がそのまま個人の知識や技能の習得水準とみなされる傾向が強く，学校に対する期待は強まっていった。

また，1970年の国勢調査によると大規模企業（被雇用者1,000人以上）への就業率は，高等教育卒業者では7割になっている。賃金についてみると，1974年労働省調査によれば，学歴別生涯賃金格差は（50－59歳），中学卒を100とした場合，高校卒137，大学卒207となっていた（尾崎 1999：206－207）。このように1970年代には，学歴と職業，生涯所得と学歴に強い正の相関がみられ，社会的地位の上昇を目ざす人々の意識が高校，大学への進学率の上昇となってあらわれた。

また，学歴と結婚の関係について，中卒者の結婚機会が閉ざされており，高卒者よりも大卒者の結婚機会が開かれているという（袖井・矢野 1987：80－

81)，結婚への影響もみられる。

では，現在はどうだろうか。産業構造の変化について1995年の国勢調査によれば，第1次産業従事者6.0%，第2次産業従事者31.6%，第3次産業従事者61.8%となっており，前回（1990年）に比べると第1次，第2次産業従事者は減少し，第3次産業従事者は増加している。なかでもサービス業の増加が著しい。

職業と4年制大学卒就職者の構成比の推移をみてみると，女子，男子ともに共通していえることとして，まず1990年から1995年にかけて職業別の就業者数の構造変化をあげることができる。次に，その内容であるが女子では専門的・技術的職業従事者が1985年では約5割であったが1997年では約3割に減少している。そのうち，技術者の割合は微減であるが，教員の割合は1997年では1985年時の約4分の1に大きく減少している。事務従事者，販売従事者は合わせると，1985年では5割弱であったが，1997年では約6割5分に増加している。

男子では専門的・技術的職業従事者が1985年では約4割であるが1997年では約3割に減少し，そのなかでも教員の割合が約4分の1に減少している。事務従事者・販売従事者は1985年では約5割5分であったが，1997年では約6割に増加している。全体として，4年制大学卒業者の専門職・技術職につく人の割合は減少し，必ずしも高度の知識や技術を必要としない事務職，販売職につく人の割合が増えている。1997年では女子，男子ともに事務職，販売職を合わせた就業者数は，専門的・技術的職業就業者数の約2倍になっている。

もう一つ，職業区分における特徴として，〈その他〉の推移をあげることができる。女子，男子ともに1990年から1995年にかけて増加率が大きく，ともに約2倍になっている。さらに1985年と1997年を比較してみると，1997年では女子で約3倍（2.5%→7.3%），男子で約2倍（4.2%→8.7%）と大きく増加している。

職業区分における〈その他〉とは，不安定雇用者のことで，賃金，労働時間

など不安定な条件のもとでの就業者をいう。具体的にはフリーター,派遣社員,契約社員などをいう。不安定雇用者は,1997年において女子約9千人,男子約2万人で増加しつづけている。

次に学歴と賃金についてみてみよう。15歳以上65歳未満勤労者の賃金の平均を算出してみた。1995（平成7）年度の賃金において,中卒の賃金を100とすると,女子大卒では151.1,男子大卒では131.5になる（表6－1）。1970年代に比べると,学歴による賃金格差は大きく縮小している。

以上みてきたように,1990年代に入って4年制大学を卒業しても職業を通した社会的地位の上昇が約束されるとは限らず,賃金格差も相対的に縮まってきている。ここに,現代社会における学歴社会の閉塞感をみることができる。また高い学歴があっても,企業や官庁において収賄,横領,不正行為等の犯罪をおかす人が増え,威信すなわち権威とそれに伴う信頼感にゆらぎがみられる。

表6－1　学歴別賃金格差
（15歳以上65歳未満勤労者賃金の平均）　（平成7年度）

	女子（千円）	男子（千円）
中　卒	176.3　（100）	298.8　（100）
高　卒	198.8　（112.5）	310.6　（104.0）
高専・短大卒	220.2　（125.0）	294.4　（98.6）
大　卒	266.0　（151.1）	392.1　（131.5）

出所）労働省「平成7年度賃金構造基本統計調査結果」より算出

3. 現代社会で生じている学校教育の問題

本節では，現在日本の学校で生じている問題の特徴や最近の傾向についてみていきたい。

(1) 暴力行為

文部省は1997年度の調査から，児童・生徒の起こす暴力調査の概念を「校内暴力」から「暴力行為」（自校の生徒が起こした暴力行為）と変更し，調査対象に新しく小学校を加えている。また調査項目に，これまでの① 対教師暴力② 生徒間暴力③ 器物損壊に加えて，見知らぬ生徒同士の校外でのけんかや通行人への暴力などの④ 対人暴力を新設している。

1997年度における「校内での暴力行為」の発生件数は，小学校で1,304件（5.3％），中学校で18,209件（77.1％），公立高等学校で4,108件（17.4％）で合計23,621件であり，年々急増している。例えば公立中学校の校内暴力は，1989年度には3,222件であったが，1997年度では約5.7倍に増加している。

小学校，中学校，高等学校，さらに校内，校外を合わせた形態別発生件数の割合をみてみると，生徒間暴力（けんかでけが人が出た場合など）が54.3％と最も多く，続いて器物損壊25.8％，対教師暴力13.2％，対人暴力6.7％の順になっている（表6－2）。なかでも中学校の器物損壊が，1989年度では574件であったが，1997年度では6,113件と約10.6倍になっており顕著である。

近年はちょっとしたきっかけで突発的に暴力を振るったり，パニックに陥ったり，感情の高ぶりを暴力でしか訴えられない児童・生徒が増えている。またとくに問題視されない，いわゆる普通に見える児童・生徒が突然凶行に走ったり，被害者を選ばない暴力が増えるなど，暴力行為者の底辺の拡大がみられる。

表6-2 「暴力行為」の発生件数

(1997)

形 態	小 学 校			中 学 校			高 等 学 校			合 計		
	学校内	学校外	計	学校内	学校外	計	学校内	学校外	計	学校内	学校外	計
対教師(件)	193	0	193	3,074	42	3,116	430	14	444	3,697	56	3,753
暴 力(%)	14.8	0	13.5	16.9	1.2	14.4	10.5	1.0	8.1	15.7	1.1	13.2
生徒間(件)	624	93	717	8,873	2,186	11,059	2,856	864	3,720	12,353	3,143	15,496
暴 力(%)	47.9	72.7	50.1	48.7	64.8	51.2	69.5	61.7	67.5	52.3	64.1	54.3
対 人(件)	11	35	46	149	1,148	1,297	40	523	563	200	1,706	1,906
暴 力(%)	0.8	27.3	3.2	0.8	34.0	6.0	1.0	37.3	10.2	0.8	34.8	6.7
器 物(件)	476	—	476	6,113	—	6,113	782	—	782	7,371	—	7,371
損 壊(%)	36.5		33.2	33.6		28.3	10.0		14.2	31.2		25.8
合 計 (件)	1,304	128	1,432	18,209	3,376	21,585	4,108	1,401	5,509	23,621	4,905	28,526
(%)	100.0	100.0	100.0	100.0	100.0	100.0	100.0	100.0	100.0	100.0	100.0	100.0

出所）文部省「生徒指導上の諸問題の現状と文部省の施策について」1998年度

(2) いじめ

　いじめとは，つぎのように定義されている。① 自分より弱い者に対して一方的に，② 身体的・心理的な攻撃を継続的に加え，③ 相手が深刻な苦痛を感じているもの。なお，起こった場所は学校の内外を問わないこととする（文部省）。

　1997年度の文部省の調査では，小学校16,294件（全国の小学校の21.5%），中学校23,234件（全国の公立中学校の47.8%），高等学校3,103件（全国の公立高校の27.6%）のいじめが発生し，特殊教育諸学校159件を合わせると，42,790件発生している（文部省 1998）。前年に比べて件数は減っているが，いじめにあっている当人にとっては深刻な問題である。

　いじめの態様については，小学校では，① 冷やかし・からかい ② 仲間はずれ ③ 言葉での脅しの順に多く，中学校では ① 冷やかし・からかい ② 言葉での脅し ③ 暴力，高等学校では ① 暴力 ② 言葉での脅し ③ 冷やかし・からかいの順になっている。より具体的には，無視，陰での悪口，もちものをかくす，使

い走り，さらには金品をおどしとる，という犯罪行為に結びつくものまである。
　現在のいじめの状況を，もう少し詳しくみてみよう。
　いじめには，加害者，被害者がいて，いじめを面白がってみている観衆，見てみぬふりをする傍観者の存在がある。総務庁の調査（1997年，全国公立の小・中学生，保護者，教師ら約30,000人対象，うち児童生徒約18,000人対象）によると（総務庁，平成11年）児童生徒の33.1％にいじめられた経験がある。一方児童生徒の30.4％にいじめた経験がある。また児童生徒の55.4％が，他の人がいじめられているのを見た経験がある，となっている。
　いじめへの対応として，被害者，傍観者，加害者の順にみてみよう。
　いじめられた時の対応は，「だれにも相談しないで我慢した」37.8％，「親に相談した」39.4％，「やめるように言ったり逆らったりした」30.1％，「先生に相談した」29.0％，「友達に相談した」26.5％となっている（複数回答）。「だれにも相談しないで我慢した」児童生徒が，いじめられた時に望んでいたこととして（二つまで回答），一番多いのが「友達に助けてほしかった」で46.8％である。この割合は，小学生よりも，中学生の方が高い（小学生41.9％，中学生50.3％）。次いで「気軽に相談できる先生がいてほしかった」26.7％，「親や先生に気付いてほしかった」24.3％，「気軽に親に相談できる雰囲気が家の中にあればよかった」15.3％の順になっている。いじめの被害にあって，自分からは相談できなくて我慢している生徒も，友達に助けてほしい，親や先生に気付いてほしいと強く思っている。
　「いじめ発見の端緒」について，「いじめられた児童生徒の保護者からの訴え」「教師が発見」「いじめられた児童生徒からの訴え」の順になっているが，被害にあった児童生徒からの訴えが年々増加傾向にあり，被害者側の人権意識の高まりがある。
　他の人がいじめられているのを見た時，中学生では「何もしなかった」が52.4％と最も高く，次に「いじめられている人を助けたり励ましたりした」25.0％となっている。小学生では「いじめている人を注意した」が37.1％で最

も多く，次いで「いじめられている人を助けたり励ましたりした」が35.5%，「何もしなかった」が28.1%の順になっている。教師や親から，日ごろ「いじめを見たら，いじめる人を注意したり，いじめられている人を助けたり，先生に話すように」「いじめをしてはいけないということや，いじめられたらだれかに相談するように」いわれている生徒の方が，「何もいわれていない」生徒より，いじめられた時やいじめを見た時に何らかの行動をとる割合が高い。日ごろから，親や教師のいじめについての啓発・指導の大切さを理解することができる。

　いじめていた者がいじめることをやめた理由について，「人に注意されたからではなく，自分自身でいけないことだと分かったから」が54.3%と最も多く，次いで「いじめることに興味がなくなったから」が26.3%になっている。人に注意されたからやめたとする者についてみると，「担任の先生から」が23.3%で最も多い。加害者がいじめはいけないと強く自覚することが，いじめ中止にもっとも有効であるといえよう。

　最近，いじめの加害者の側も分析されるようになり，加害者の方が他の子どもに比べて，たとえば「万引きをする」「学校でタバコをすう」「バイクの無免許運転をする」などの規範意識が低く，むしろ被害者の方が全体の子どもより規範意識は高い（ベネッセ，平成8年），ということがわかってきた。「全国いじめ問題研究会」の全国調査（1997年，全国の小5から中3までの児童生徒とその親，教員ら合計16,000人対象，うち子ども約7,000人）結果でも，加害者の側の親子関係にこそ，大きな問題を抱えていることが解明されてきた。加害者側の罪悪感のなさや自己正当化も指摘されるところである。

　またいじめ防止について要ともなる傍観者の意識について，「止める子」と「面白がる子」とでは「親にむかつくことがよくある」と回答する割合が19.6%と40.9%と大きく隔たっている。親についても「子どもの学校生活についてよく知っている」のは，止める子の親33.1%に対して，面白がる子の親は14.3%であり，親子関係の修復が重要であることがわかる。

いじめの構造については，孤立化，無力化，透明化という三つの段階を経て進むと分析されている。対策については「安全の確保」「孤立感の解消」「二度と孤立させないという大人の責任ある言葉と実行」があげられている（中井 1996：2－23）。

大人，子ども共にいじめは絶対にいけないという意識をもつこと，そして子どもを孤立させないことが重要である。

(3) 不登校

不登校とは，何らかの心理的，情緒的，身体的，あるいは社会的要因・背景により児童生徒が登校しない，あるいはしたくともできない状況にあること（ただし，病気や経済的な理由にあるものを除く）をいう[1]。

1945年頃，年間50日以上学校を欠席，すなわち長期欠席（長欠）した生徒の理由は，敗戦後の疲弊混乱による貧困と疾病が主な要因であった。1955年頃から，高度経済成長を迎え，古典的な長欠現象が激減し，新たな長欠現象が現れた。「強い不安を伴い，学校に行けない状態」の生徒が少しずつ増え始め「学校恐怖症」とよばれた。1965年頃から，長欠理由も単に学校に対する不安や恐怖というものだけではなく，養育上のつまずきや家族内葛藤などの心理的負担，過度の勉学や成績への強いこだわりという面がみられ，「登校拒否」とよばれるようになった。そこには，子どもたちはほんらい登校して当り前という観念が人々の間に自明であった。1985年に入った頃から，従来の登校拒否の類型にぴったりとあてはまらない子どもたちの増加がみられるようになり，無気力，遊び，非行などの理由も増えはじめた。つまり長欠理由の拡散と多様化がみられ，「不登校」とよばれるようになった（滝川 1996：39－56）。1990年頃から不登校の名称が一般的になってきている。

1985年頃までは，登校拒否は特定の児童生徒に起こる現象であるとされ，一種の心の病ととらえる傾向が強かった。しかし現在の不登校は，どの児童生徒にも起こり得るものであると認識が改められている。豊かな時代ゆえの現象で

図6−1　登校拒否発生率(30日以上欠席者)の推移

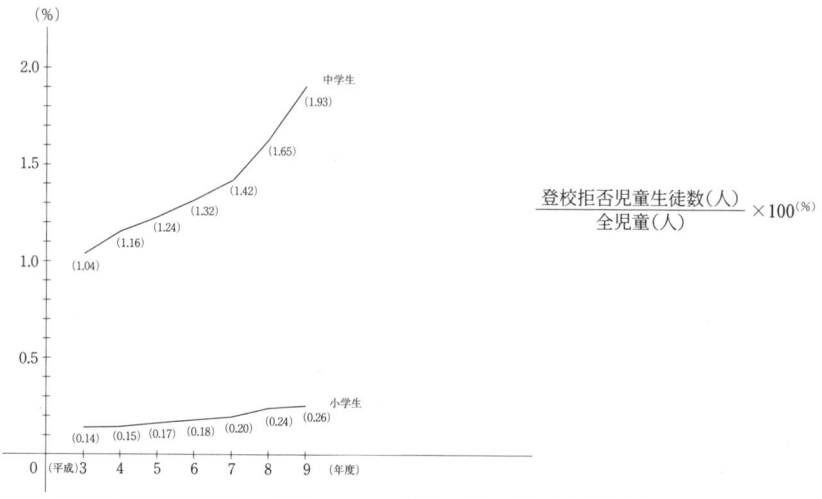

(%)

中学生　(1.93)
(1.65)
(1.42)
(1.32)
(1.24)
(1.16)
(1.04)

小学生　(0.26)
(0.24)
(0.20)
(0.18)
(0.17)
(0.15)
(0.14)

(平成)3　4　5　6　7　8　9　(年度)

$$\frac{登校拒否児童生徒数(人)}{全児童(人)} \times 100 \,(\%)$$

出所）文部省「登校拒否問題への取組について」(平成9年)，文部省「学校基本調査」(平成10年)より作成

図6−2　登校拒否発生率(50日以上欠席者)の推移

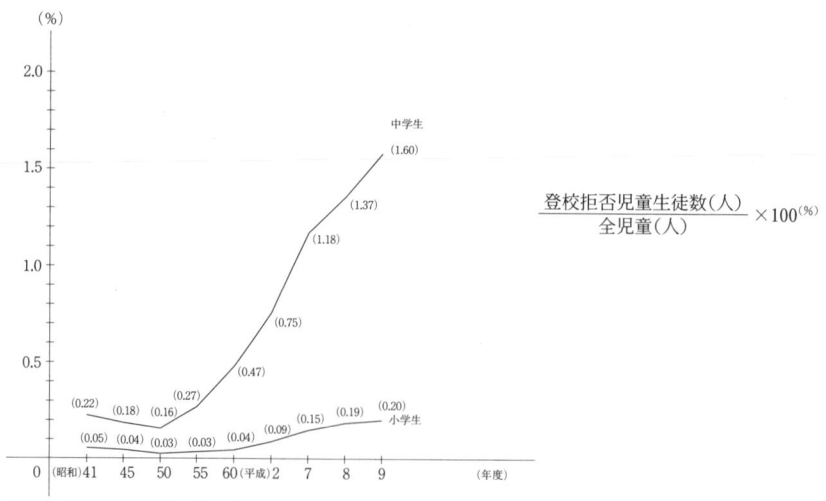

(%)

中学生　(1.60)
(1.37)
(1.18)
(0.75)
(0.47)
(0.27)
(0.22)
(0.18)
(0.16)

小学生　(0.20)
(0.19)
(0.15)
(0.09)
(0.04)
(0.03)
(0.03)
(0.04)
(0.05)

(昭和)41　45　50　55　60(平成)2　7　8　9　(年度)

$$\frac{登校拒否児童生徒数(人)}{全児童(人)} \times 100 \,(\%)$$

出所）文部省「登校拒否問題への取組について」(平成9年)，文部省「学校基本調査」(平成10年)より作成

あるといえよう。

　では，不登校の実態についてみてみよう。1997年度の文部省の調査によれば，30日以上欠席した不登校の児童生徒数は，小学生20,701人，中学生84,026人で合計104,727人おり，50日以上欠席した不登校の児童生徒数は，小学生16,339人，中学生70,586人，合計86,925人になっている。30日以上欠席の全児童生徒数に対する「学校ぎらい」（不登校）児童生徒数の比率は，小学校で0.26％，中学校で1.93％になっており，50日以上欠席の全児童生徒数に対する「学校ぎらい」の児童生徒数の比率は，小学校で0.20％，中学校で1.60％で，年々増加の一途をたどっている（図6-1，図6-2）。とくに生徒数の減少にもかかわらず，50日以上欠席者では平成2年から平成9年では，その比率は小学生，中学生ともに2倍以上になっている（小学生0.09％→0.20％，中学生0.75％→1.60％）。30日以上欠席者の場合でも平成3年から平成9年にかけて，その比率は小学生，中学生ともに1.8倍（小学生0.14％→0.26％，中学生1.04％→1.93％）になっており，増加率が大きい。

　不登校になった直接のきっかけは，大きく分けると小学生では本人の問題，家庭生活での影響，学校生活での影響，中学生では学校生活での影響，本人の問題，家庭生活での影響になっている。より詳しくみてみると，小学生では①その他本人にかかわる問題29.3％，②親子関係をめぐる問題15.1％，③友人関係をめぐる問題11.8％，中学生では①その他本人にかかわる問題26.0％，②友人関係をめぐる問題19.8％，③学業の不振12.3％になっている。ここで，その他本人にかかわる問題とは，極度の不安や緊張，無気力等で，小・中学生ともに約3割を占めている。中学生の不登校のきっかけにおいて，その他本人にかかわる問題は1988年では12.0％で4番目であった[2]。現代社会において，不安，緊張，無気力の生徒の増加は，大きな特徴である。

　不登校の増加に伴い，保健室登校をする生徒も増えている。1996年度に日本学校保健会で行われた「保健室利用状況に関する調査」によると，過去一年間に保健室登校を行った児童生徒がいる学校の割合は，小学校37.1％，中学校

58.1%, 高等学校 44.4％であった。「教室には行かれないけれど, 保健室になら行ける」という生徒の増加であるが, ありのままの自分でいられる空間, 話を聞いてくれる養護教諭の存在等, 保健室のもつ意味は大きい。

文部省の調査によれば, 1997年度の全不登校児童生徒数 104,727 人のうち, 適応指導教室, 児童相談所等で相談・指導を全くうけていない児童生徒は, 66,839 人（63.8％）いる。適応指導教室は, 1992 年から始められ 1996 年には全国に 698 か所設置されている。

少し詳しくみてみよう。

適応指導教室 41 か所の全通室者に占める原籍校への再登校者（以下「学校復帰率」という。）をみると, 1996 年度平均で 17.9％となっている。これらの教室の中には ⅰ) 児童生徒の状態に応じた活動を実施している教室において, 学校復帰率が 83.3％と高いもの（1 教室）があるが, 教科学習が中心でカウンセリングを行っていない教室では学校復帰率が 2.6％と低いもの（1教室）がある, ⅱ) 通室者数が 20 名以下の教室（13教室）の平均学校復帰率が 22.8％であるのに対し, 100 名以上の教室（2教室）では平均学校復帰率が 9.3％となっている（総務庁, 平成 11 年：30－35）。教室の活動内容に, 段階に応じた個人学習, カウンセリングのほか, 宿泊体験, 野外活動, 調理実習, スポーツなど行事を多くとり入れて体を動かしたり, さまざまなことをして全人的に取り組んでいるところでは学校復帰率が高く, ただ各自が自習, 教科学習だけでは復帰率が低いことがわかる。教室規模の小さい方が学校復帰率が高くなっている。

また不登校期間が長期化するほど, 復帰, 解決が難しくなる傾向が強いので, 早期発見, 早期対応が重要であるといえる。頭痛, 腹痛, 気分不良など心身不調を訴えて登校をぐずる, 何となく学校を休むことがある, 学校よりも校外の遊びに関心を示す等, 不登校になる前の子どものサインに気付いて対応する必要がある。無気力, 引きこもりとなる子どもの心理には, 孤立感や無力感がある。家庭の中にあっては親は子どもに「共感する」関係をつくり, 子どもの気持ちをよく理解することが大切である。家族の温かい人間関係が基礎になっ

て，子どもは自信ややる気を回復させていくといえよう。

(4) 学級崩壊

　1994年頃から，関西の小学校の教師の間で，立ち歩きや私語，教室の抜け出しなどで授業が成立しない，ということが話題になりはじめた。1998年になって「日教組」などの全国教育研究集会などで，「学級崩壊」現象が発表され，また，新聞，テレビ等で報じられて全国でいっせいに語られるようになった[3]。「学級崩壊」の特徴に次の点があげられる。

　すぐにパニックを起こし，ノートやプリントを破る。とにかく人の話を聞けない。教師の目を見て話を聞けない。授業中でも，勝手に歩きまわり，机をけったり，友だちに手を出したりと小暴力が絶えない。中・高学年では，多くの場合いじめが発生している。

　「学級崩壊」には，次のような共通項がある。① 小学校における② 学級全体の③ 授業不成立状態，である。「学級崩壊」の頻度について，全国調査はまだ行われていないが，NHKの調査では，全国の12学級に1学級の割合（8％）で起こっていると報じたり（1998年），「日教組」の調査では，「自分のクラスでも崩壊の可能性あり」と答えた小学校の教師は，5割にも達していたと報告されている（日本子どもを守る会 1999：128－129）。

　また，小学校でも低学年と高学年では崩壊に本質的な違いがみられる。高学年では，教師への不満や反発，差別・不公平への怒り，学力不振，受験によるストレス等から「担任いじめ」の形をとる例が多く，中学校での授業崩壊の原因と重なる部分が多い。低学年では，「担任をいじめる」という意識はなく，自己抑制や他人とのコミュニケーションの不足，基本的生活習慣の欠如，集団性の未成熟，よい子ストレス等が重なって，パニック現象を引き起こしている。

　低学年の学級崩壊につながる状況は，すでに園児からみられる。1989年の幼稚園の「教育要領」（文部省）の改訂と1990年の保育園の「保育の方針」（厚生省）の見直しで打ち出された「自由保育」の考え方と，小学校の従来の授業の

やり方との間に深い断層があることも、みすごせない事実である。

「学級崩壊」について、初めて行われた委託調査の中間報告（文部省）によると、「学校がうまく機能しない状況にある」102学級のうち、「担任の学級経営に柔軟性を欠いている」が74学級で一番多く、次に多いのが「授業の内容と方法に不満をもつ子がいる」65学級であった。「いじめなどへの対応が遅れた」38学級、「校長のリーダーシップや校内の連携・協力が未確立」30学級、「家庭や地域などとの連携・協力が不十分」27学級、「特別な教育的配慮や支援の必要な子がいる」26学級等と、続いている。平均して三つの要因が重なり、学級崩壊の3割は、担任の能力を超えるものであることがわかる[4]。また崩壊している学級のうち、「授業の内容と方法に不満をもつ子がいる」が6割と高いのも注目される。今までの小学校の一人担任制、一斉授業というシステムに異議をとなえているかのようである。

校内における暴力行為や学級崩壊においても、1970年代、1980年代のように非行少年が暴れるというのではなく、1990年代に入って、それまで特別に問題のなかった「普通」にみえる生徒が、衝撃的な暴力をふるったり、いらいらしたり、むしゃくしゃして荒れる状態が出現し、「新しい荒れ」といわれている。「キレる」「ムカツク」という言葉が頻繁に聞かれるようになった。「キレる」とは「何かのきっかけで、頭の中がまっ白になり、前後の出来事を覚えていない、または通常ではありえない行動に移っていく状態」をいうが、なぜそのような状態になるのだろうか。

1989年のソ連崩壊、東西ドイツの壁がくずれたことを境に、世界的にイデオロギーの終焉がみられ、二分法的な発想に転換がみられるようになった。日本においても例外ではない。そこに「ボーダレス化」現象があらわれ、正常－異常、日常的－非日常的、上品－下品、善－悪、まじめ－ふまじめ等々の間の境界線があいまいになってきている。社会規範にゆらぎがみられ、従来の規範意識に変化がみられるようになった。

学力重視という一元的価値観の風潮の中で、学校という場においても、親や

教師の期待にそいたいという思いと，攻撃性の高まりによる反動とが一挙に暴力行為となってあらわれる。「キレる」とは，親，教師などの「重要な他者」との対人関係におけるつながりが切れる，ということを意味している（中 1999：390-397, 480-484）。自己確認して生きることが難しくなっている社会であり，それが息苦しさ，生きにくさにつながっている。現代では，大人にも「いらいらする，むしゃくしゃする」割合が高く，不安感も強い。大人社会の反映が，学校というシステムにいる子どもにも影響しているのではないだろうか。

　ムカツク，キレる，学級崩壊といった新しい荒れに対する，教師たちの状況をみてみよう。

　日教組の実施した学級担任調査によると（1998年度），学級担任をやめたいと思ったことがある教員が，平均34.8％であった。理由の第一位は，子どもとの関係（学級経営，子どもとうまくいかない，荒れ，不登校，いじめ，問題をもった児童への対応等）で56.6％，第二位は，保護者との関係（うまくいかない，意見の食い違い，トラブル等）で16.2％であった。この二つで7割を超えている。子ども・親との関係が，教師にとって苦悩の主な原因になっている。

　教師412人の実態調査によると，小学校，中学校教師のともに1割5分が，自分の勤務校に「病欠，休職者がいる」と回答しており，バーンアウト（燃え尽き症候群）やリタイアの問題が心配されるところである。

　「子どもの指導への困難」は，小学校教師の8割，中学校教師の9割が感じ，それに伴う「無力感」は小学校・中学校教師の7割が感じている。「子どもと教師の関係に心のズレを感じる」は小学校教師の8割，中学校教師の9割，「子どもの気持ちや考えが理解できない時がある」は，小学校・中学校教師の8割が感じている。また「教師が変わるべきだ」というのは，小学校・中学校教師の8割であった。「子どもとの間にゆっくり話し合う時間が欲しい」が小学校・中学校教師の9割，「学校の仕組みが合っていない」との回答は小学校教師の5割，中学校教師の6割であった。このような状況であるにもかかわらず，教師という仕事に「やりがい，生きがいを感じている」教師は，小学校・中学校ともに

8割前後いる(フォーラム，A 1998：207-222)。教職に生きがいを感じながらも，生徒との心のズレをどううめようかと苦悩する教師にとって，現代は教師受難の時代といえよう。

　新しい荒れの要因は，教師や学校の要因もあるが，親である大人の自立，親子関係，子ども自身の自立，情報化等社会の側の要因も大きい。また1970年代，80年代に比べて，90年代は子どもの習い事や通塾率が高まり，学校が絶対的なものではなく，相対的なものととらえられる傾向がある。この要因もみすごせない。

4. 家庭・地域社会における大人と子どもの変化

　今日の子どもは，物質的には豊かな環境の中で，周囲からは自主性を尊重されて育っている。しかし，次のような点もみられる。

　将来に対して夢や希望を持っていない。自分に対して，誇りや自信を持てない子どもが多い（平成10年の第6回世界青年意識調査によると，「自分自身について誇れるものは何ですか」という問いに対して「誇れるものはない」という回答が，アメリカ0.4％，イギリス0.6％，ドイツ2.8％，フランス2.6％，スウェーデン0.4％，日本9.1％であった)。

　社会生活における基本的なルールを守るといった規範意識に低下傾向がみられる（たとえば，中学生が悪いと思うものについて，1983年と1995年では次のような変化がある。夜，友だちの家でおしゃべりをする，43.2％→14.2％，他人の体育館ばきを無断で使用する，76.3％→54.2％，自室でタバコを吸う，79.7％→65.1％等）（ベネッセ，平成7年）。

　テレビゲームなど一人で室内で遊ぶことが増え，多様な人間関係を築くことが難しくなっている。

　大人については，社会全体がボーダーレス社会となり，能力主義の競争社会を実感している。経済不況とあいまって，不安やいらだちを感じている。

家庭の問題点についてみよう。1983年と1998年を比較すると,「親が子どもを甘やかしすぎている」(42.5%→54.0%),「親と子どもの会話,ふれあいが少ない」(38.9%→53.9%),「親の権威が低下している」(28.6%→34.7%)となっている(総理府,平成10年)。子どもの耐性がなくなった,といわれているが,少子化や物質的に豊かな時代において,親自身,子どもに対して厳しさが失われてきている。また親子の会話が少なくなっている点も顕著である。母親よりも,父親とのふれあいの時間が少なくなっている。

子どもの行為に対する許容性についてみてみよう。たとえば,「特に悪いと思う子どもの行為」について,1982年と1992年を比較すると,次のようになっている。
◦ 友達と酒を飲む(父親58.5%→46.6%,母親67.1%→62.2%)
◦ タバコを吸う(父親64.3%→58.7%,母親71.4%→71.3%)
◦ 学校の規則に合わない服装をする(父親57.1%→32.4%,母親61.1%→34.8%)
◦ パーマをかける(父親50.2%→30.7%,母親55.2%→35.8%)など(NHK,平成4年)

全般的に中・高校生の親は10年前に比べて子どもの行為に対して許容的になっており,とくに容姿に関してそういえる。また飲酒・喫煙について,父親ではとくに悪いと答える者の割合が低下している。

地域社会の問題点では,「よその家の子どもを叱らなくなった」が6割,「都市化の進展などにより,隣近所に無関心な人が増えた」が5割を占めている(総理府,平成10年)。子どもに対して,隣近所の人に対して無関心の人が増え,地域社会における人々の紐帯は弱くなってきている。

近代化が進めば進むほど,社会は無機的になっていく。人と人との関係は分断され,孤立感が強くなる。人間性を回復させるためには,人と人との直接的な接触がより重要となり,対話,共感,理解,共生が強く求められる。教師と生徒,親と子,教師と親,地域社会における大人と子ども,それぞれの立場で

対話をし,支えあい,信頼関係を強めていく必要がある。"自分さえよければ"という自己中心的な生き方から"人と共に生きる"ことの大切さを再認識する必要があるといえよう。大人自身に,生きやすくより良質の社会（good society）をつくる自覚と責任が期待されている。

注

1) 文部省「登校拒否問題への取組について―小学校・中学校編―」（平成9年）では登校拒否として定義されているが,本節では不登校の意味として取りあげている。平成11年の総務庁の調査報告書では,不登校という用語が使用されている。
2) 文部省,1988,「児童生徒の問題別行動実態生調査」によると,中学生の不登校の直接のきっかけは,①学業の不振 16.9%,②友人関係をめぐる問題 15.0%,③親子関係をめぐる問題 14.2%,④その他本人にかかわる問題 12.0%であった。
3) 朝日新聞,1998年11月15日,12月6日,1999年2月3日,3月21日
4) 朝日新聞,1999年9月5日

参考文献

Weber, M., 1919, *Wissenschaft als Beruf.*
浜井修,1982,『ウェーバーの社会哲学』東京大学出版会.
麻生誠・原田彰・宮島喬,1978,『デュルケム道徳教育論入門』有斐閣新書.
Parsons, T. and Platt, G. M., 1973, *The American University.*
Parsons, T., 1961, The School Class as a Social System, Halsey, A. H. et al. (ed.), *Education, Economy, and Society.*（丹下隆一訳,1973,「社会システムとしての学級」．武田良三監訳『社会構造とパーソナリティ』新泉社).
文部省「学校基本調査」
尾崎ムゲン,1999,『日本の教育改革』中公新書.
袖井孝子・矢野眞和編,1987,『現代女性の地位』勁草書房.
文部省「児童生徒の問題行動等生徒指導上の諸問題に関する調査」
文部省,1998,「生徒指導上の諸問題の現状と文部省の施策について」
総務庁編「いじめ・不登校問題などの現状と課題」（平成11年）
ベネッセ教育研究所『平成8年首都圏二千人の中学生調査』
中井久夫,1996,「いじめの政治学」『アリアドネからの糸』みすず書房.

滝川一廣, 1996,「脱学校の子どもたち」『こどもと教育の社会学』現代社会学第12巻, 岩波書店.
総務庁編「いじめ・不登校問題などの現状と課題」(平成11年).
日本子どもを守る会編, 1999,『子ども白書'99』
中久郎, 1999,『社会学原論』世界思想社.
『学級崩壊からの脱出―教師412人の実態調査―』1998, フォーラム・A.
ベネッセ教育研究所「モノグラフ・中学生の世界」(平成7年)
総理府広報室「青少年の非行等問題行動に関する世論調査」(平成10年)
NHK放送文化研究所「現代中学生・高校生の生活と意識」(平成4年)
住田正樹, 高島秀樹, 藤井美保, 1999,『人間の発達と社会』福村出版.
総務庁編, 1999,『平成10年度版 青少年白書』大蔵省印刷局.
新堀通也編, 1996,『教育 大変な時代』第1巻 教育開発研究所.

第7章　日本的雇用慣行をめぐる労働者意識の変化
―― 業績主義は労働者に支持されているのか？――

日本の会社は，単に利益の追求のみを目指した機能的集団であるだけでなく，コミュニティとしての側面も持ってきた。今後，業績主義化が進み，企業帰属意識が低下すると，このような光景は見られなくなるのだろうか。
（社員旅行：昭和30年代前半）

はじめに

「日本的雇用慣行」と呼ばれてきたものが，近年，変貌しつつある。年功的処遇から業績主義的処遇へと変わりつつある。これに対応する形で，日本的雇用慣行に対する労働者の意識も変化し始めている。この章では，第1に，日本的雇用慣行に対する労働者の意識がどのような推移を示してきたのかを各種の世論調査の結果によって示す。第2に，業績主義的処遇がさらに進展した場合，どのような問題が生じるかを予測する。第3に，その問題を回避するには何が必要となるのかを検討する。業績主義化の必要性とメリットを強調する論者は多いが，ここでは，あえてそのデメリットについて考慮していく。

1. 日本的雇用慣行とは

日本の企業に特徴的な雇用慣行として頻繁に指摘されるものに，① 労働者が同一企業に長期間にわたって雇用され続ける「長期勤続」，② 年齢や勤続年数に応じて昇給・昇進・昇格がおこなわれる「年功的処遇」，③ 労働組合が企業ごとに組織されている「企業別労働組合」，という三つの点がある。

長期勤続・年功賃金・企業別労働組合の間には関連性があり，これらは三つでワンセットになっている。長期勤続は，労働者が年功的処遇を受けるための前提条件である。年功的処遇が慣行となっている企業に雇用されていても，その企業に長期間にわたって勤続しない限り年功的処遇の恩恵を受けることはできない。そのような企業では，若年労働者は，本人の生産性よりも賃金が下回る。つまり，働きの割りには賃金が低いという状態に置かれる。他方，中高年労働者は，本人の生産性よりも賃金が上回る。すなわち，働きの割りには賃金が高い状態に置かれる。したがって，労働生活をトータルに見れば，本人の生産性に見合った賃金が支払われる。年功賃金制度には，このような特徴がある。

ここで重要なのは，年功賃金制度のもとで労働者が公正な生涯賃金を得るためには，労働者は，原則として定年を迎えるまでその企業に勤続する，つまり長期勤続することが必要であるという点だ。年功賃金制度は，若いうちは割が合わないが，同一企業に長期勤続すれば最終的には割が合うシステムだからである。これは，別の見かたをすれば，年功賃金制度とは，若年労働者に長期勤続させようとするためのメカニズムということもできる。

そして，労働者が同一企業に長期勤続するため，労働組合は企業毎に組織されがちであり，職業別組合などではなく企業別組合になるわけだ。

企業の側からみると，長期勤続してもらいたい労働者，つまり年功的処遇をすべき対象者は，企業の中核を形成する層と技能的熟練ないし知的熟練の形成が要求される層である。したがって，年功賃金の対象とされる労働者は，基本的に，① この制度を採用しうるだけの規模を有する企業に勤めている正規従業員であり，② ホワイトカラーの場合はいわゆる「総合職」，ブルーカラーの場合は「熟練」を要する職種，である。つまり，日本的雇用慣行は，パート・アルバイト・臨時雇用などの非正規従業員には原則として適用されないし，正規従業員であっても，ホワイトカラーの中のいわゆる「一般職」やブルーカラーのなかの非熟練労働者にも一般的には適用されない。日本の企業を見渡すと，現在でも平均的には女性の「総合職」は少ないので，結果として，ホワイトカラーの場合だと大企業の男性正規従業員，ブルーカラーの場合だと大企業の正規熟練労働者が，従来もっぱら年功的処遇を受けてきたということができる。

2. 年功賃金制度に対する労働者意識の変化

近年，年功的要素を重視する企業の比率は，減少傾向にある。たとえば，労働省の「雇用管理調査」(1996年)によると，企業の今後の人事労務管理の方針は，「主として能力主義を重視する」というものが，企業規模に関わらず5～7割と過半数を占めている。新聞やテレビなども，個々の企業が年功的な賃金制

度から業績主義的なそれに変更する方針を表明した，などというニュースが，しばしば報道されるようになった。

では，年功賃金制度に対する労働者の意識は，どのように推移してきたのだろうか。総理府の世論調査により，賃金制度についての労働者の意識の変化を見ていこう[1]。

図7-1は，年功賃金制度に否定的な意見をもつ男性の比率を示したものである。ただし，1970年～1978年については，「勤続年数による賃金格差が大きすぎる」の比率であり，1987年～1995年については，「年功制は労働者にとって良い制度ではない」[2]の比率である。

年功賃金に否定的な意見は，男性の場合，1970年代初頭には20代だと15%弱，30代だと10%弱，40代だと5%ほどしかいなかったが，1970年代中頃以降，いずれの年齢層でも比率が増加傾向にあることがわかる。また，ある年齢に着目し，その年齢層の意識が約10年後にどのようになり，約20年後にはどうなったか，というように見ていっても，やはり年功制に対する否定的な意識が増加している。要するに，同一年齢コウホートに着目した場合も，年功賃金制に否定的な意見は増加傾向にあることがわかる。

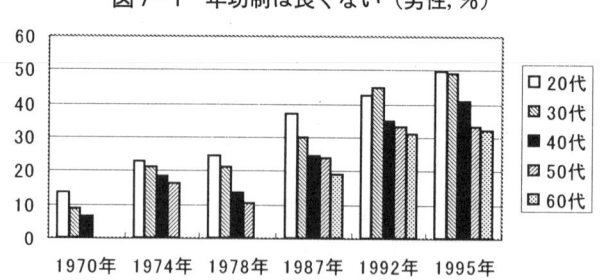

図7-1 年功制は良くない（男性, %）

資料出所）内閣総理大臣官房広報室：1971, 1974, 1978, 1987, 1992, 1995 から作成
注）1970年調査は40代まで，1974年・1978年調査は50代まで

3. 業績主義より努力主義

このように「年功賃金は良くない」という意見は増加傾向にあるのだが,「賃金は業績によって決めるべきだ」という意見も増加した。したがって,一見すると,労働者は,賃金制度の業績主義化を受け入れているように思われる。しかし,実はそうではないのだ。多くの労働者は,「業績」以上に「努力」を評価して欲しいと感じているのである。このことは,社会的成功の条件に関する日本人の理想の変遷を見ていくことによって明らかになる。

間淵は,「どのような個人的条件を備えた人が高い社会的地位を獲得したり,経済的に豊かになるべきか」という点について,さまざまな世論調査の結果を1950年代から1990年代まで10年毎にまとめ,日本人の意識の変化を検討している。その結果,1990年代には,それ以前とは異なって,「業績」よりも「努力」を重視すべきだと考える人の方が多数派を占めるようになったことが明らかになった（間淵 2000）。つまり,労働者の意識が「年功賃金は良くない」「業績給が望ましい」という方向に流れているからといって,業績主義的賃金制度を最も望ましいと考えている労働者が多いわけではないのである。したがって,賃金制度を過度に業績主義化すると,以下のような問題が生じる危険性があると考えられる。

まず,すべての年齢層にかかわる問題について考えてみよう。そもそも,人は,だれもが高い業績を挙げられるわけではない。むしろ,そのような人は全体から見ればごく少数であろう。このような状態で賃金制度が過度に業績主義化されると,高い業績を上げられなかった人のあいだでは不公平感が高まる危険性がある。

次に,直接的には中高年齢層にかかわる問題についても考えてみたい。現在の中高年齢層は,若年時に年功的な賃金制度のもとで,本人の生産性からみると低めの賃金しか得られていなかった者がおり,元を取ることのできる中高年

齢になった今日に，賃金制度が業績主義化されると，本来は支払われることが想定されていた賃金が支払われなくなることになる。したがって，年功賃金制度のもとで働いてきた中高年齢労働者のあいだでは，不公平感が高まる危険性がある（間淵 1994a）。さらにいえば，これは，中高年齢層だけの問題では済まされなくなる可能性がある。なぜなら，① すべての年齢層の人々のあいだで，企業への不信感を増加させる危険性があり，さらに，② 業績主義化によって利益を享受する若年層と不利益をこうむる中高年層というように，職場を年齢によって分断する危険性があるからだ。いずれにせよ，賃金制度を業績主義化していくと，不公平感を抱く労働者が増加する危険性が高まると考えられるのである。

4. 不公平感の増加

　日本人の不公平感は，年々増加する傾向にある（間淵 2000）。不公平感には，大きく分けて，社会を全般的に評価した場合の「全般的不公平感」と，社会をさまざまな領域に分けて評価した場合の「領域別不公平感」（たとえば，［性別による不公平］感，［年齢による不公平］感や［学歴による不公平］感など）があるが，いずれに関しても，不公平感を抱く人が増える傾向にある。

　不公平感の源泉としては，さまざまなものがあり得るので，業績主義化の進展や業績主義的賃金制度のみが不公平感の増大をもたらしているわけではない。しかし，業績主義化が今以上に進むと，そうでなくても社会に対して不公平感を抱く人が多いところへ，さらにそれを増加させる要因を追加することになる危険性がある。この点について十分に認識するべきではないだろうか。

　実際に業績主義化を進めると，働く者のあいだでどのような反応が生じるのかを見てみよう。表7-1と表7-2は，労務行政研究所が実施した調査の結果である（日本経済新聞，平成9年3月6日，朝刊）[3]。これらの表からも明らかなとおり，業績主義的賃金制度（この場合は年俸制）を導入したことによるメリットを

指摘する声が多いが，デメリットを指摘する声も少なくないのである。

表7-1 年俸制度適用後，よくなった点・悪くなった点

よくなった点	%	悪くなった点	%
仕事の目標が明確になった	59.7	会社（部門）業績が年俸に結びつき，ダウンが心配	38.5
部下の指導，仕事のやり方を絶えず考える	33.9	短期的な業績のみを追う	36.4
チャレンジ意欲が強まった	29.0	定期昇給的な賃金保障がなくなった	34.3
年収が明らかなので生活設計が立てやすい	23.3	査定が厳しくなった	20.5
経営参画意識が強まった	23.3	人間関係がドライになった	17.7
責任感が増した	21.6	忠誠心が弱くなった	13.1
やればやっただけ評価される	20.1	責任だけが重くなった	11.3
面接等を通じ，上司とのコミュニケーションの機会が増えた	16.3	仕事がきつくなった	9.5
自己評価により年俸額の申告ができる	11.0	賞与時に賞与がなく収入感がない	5.7
生産性が高まった	9.2		

資料出所）「日本経済新聞」平成9年3月6日朝刊

表7-2 自社の年俸制についての問題点（%）

評価基準が不明確	52.7
評価にバラツキがあり公平性に欠ける	36.4
人件費削減の色彩が強い	32.9
個人業績があまり反映されていない	29.7
面接・話し合いの機会が少ない	27.2
従来の賃金制度と大差がない	26.1
ドライな年俸決定ができない	18.4
年俸額が低く，インセンティブにならない	15.5
査定幅が小さい	15.2
年俸への反映度が強すぎる	2.1
その他	3.5

資料出所）「日本経済新聞」平成9年3月6日朝刊

5. 不公平感の帰結

さて、労働者が職場での処遇について不公平感を抱くことは、いかなる帰結をもたらしうるであろうか。単純に考えただけでも、① 個人的あるいは組織的な賃上げ要求活動の活発化、② 権威主義的態度の蔓延、③ 転職・離職行動の活発化、④ 労働意欲の低下、⑤ 生産性の低下などが考えられる。ここでは、転職と労働意欲の低下について見てみることにするが、いずれも、今後、ますます注意を払うべき結果となっている。

(1) 継続就業率の低下

総務庁が 1956 (昭和 31) 年から数年ごとに実施してきた「就業構造基本調査」により、「継続就業者」(1 年前にも現在と同じ勤め先 (企業) で就職していた人) と「継続就業希望者」の比率に着目していこう[4]。

継続就業者と継続就業希望者の比率が 1956 年〜1997 年の期間にどのように変化してきたのかを男女別にグラフ化したのが、図 7-2 である。継続就業比率は、男女ともに、緩やかな減少傾向にある[5]。継続就業希望率は、1960 年代末頃までは継続就業率とほぼ等しい水準を維持していたが、1970 年代以後になると年々大きく減少し、近年は実態との差が 10 ポイント近く出ている。たとえば、1997 年の男性について見てみると、継続就業率は 92.7%であるのに対し、継続就業希望率は 83.0%に過ぎない。これは、第 1 に、長期勤続を希望しない労働者が近年増加傾向にあることを意味しており、第 2 に、実際には継続就業をしていても実は長期勤続を望んでいない労働者が潜在していることをも意味している。

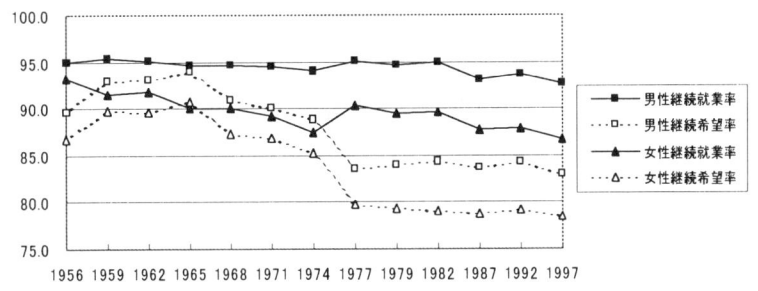

図7-2 継続就業率と継続就業希望率の推移（性別，％）

資料出所）各年度版「就業構造基本調査」報告書から作成

(2) 労働意欲の低下

不公平感のもう一つの帰結として予想された「労働意欲の低下」については，どうであろうか。図7-3は，総理府ならびにNHKが実施した調査の結果をまとめたものである（内閣総理大臣官房広報室 1982, 1992）（NHK放送世論調査所 1979：83-84）。これによれば，1967年～1992年にかけて，「仕事が生き甲斐である」という人は，20代・30代で大きく減少したことがわかる。他方，「ほどほどに働けば良い」という意識は，すべての年齢層で増加した。図7-4は，NHKが1973年から10年毎に継続的に実施してきた「日本人の意識」調査の結果をまとめたものである。これをみると，日本人の「仕事志向」は減少傾向を示したことがわかる（NHK放送文化研究所 1998：71）。以上から，日本人の労働意欲は，かつてと比較すれば低下したといえるだろう。

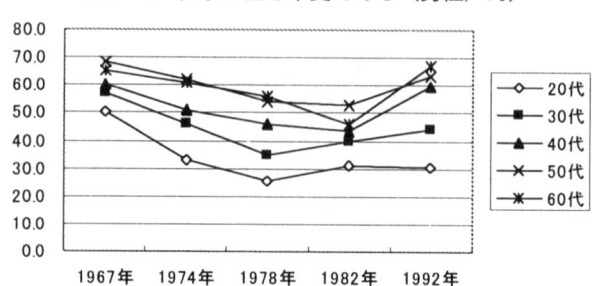

図7-3 仕事が生き甲斐である（男性, %）

資料出所）内閣総理大臣官房広報室 1982, 1992 および NHK 放送世論調査所 1979 から作成

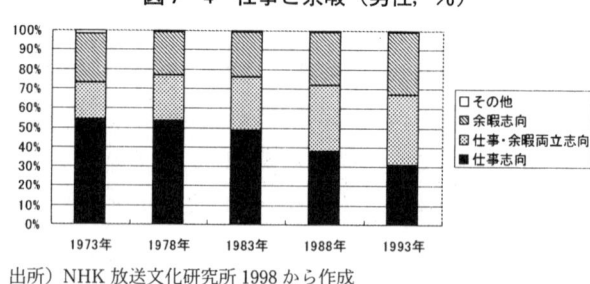

図7-4 仕事と余暇（男性, %）

出所）NHK 放送文化研究所 1998 から作成

6. 今後の課題

　最後に，業績主義化に伴って増大する危険性のある不公平・不公正をいかに是正するかという観点から，今後のわれわれの課題について考えてみることにしよう。

　まず，労働者にとっての課題としては，第1に，業績主義への対応として自分の職業能力を開発していく自助努力が必要であり，第2に，人事考課の結果に対する異議申立てが場合によっては必要である。

　企業にとっての課題としては，とくに以下の2点が重要ではないだろうか。

第1に,業績主義化を進めた場合,今後ますます雇用の流動化が進むことを覚悟する必要がある。これは,自社にとって必要不可欠な人材が他社へ移ってしまう危険性も高まるということである。第2に,企業は,人事考課を透明にするとともに,業績評価の公正さを確保することが非常に重要である。平成11年度雇用管理調査(労働省)によれば,人事考課の結果を公開している企業は21.8%,また,人事考課に対する異議申立て制度がある企業は,考課結果を公開している企業の41.0%(つまり全体から見ればわずか8.9%)にとどまっている。

労働組合にとっての主な課題は,第1に,経営側に対して一律・平等の要求をしてきたことから脱却し,個別的労務管理へ対応する必要がある。たとえば,業績主義化が進めば,賃上げ要求の仕方も変化せざるを得ない,ということである。第2に,労働者に対する企業の業績評価が公正に行われているのかを細かくチェックする機能を充実することも重要であろう。その意味で労働組合は従来にも増して大きな社会的責任を負うことになると考えられる。平等・連帯という労働組合運動の基本的立場と,個別的労使紛争に対する労働組合の個別的サポート(これこそが今後の労働組合に求められると考える)をどのように両立させることができるのかが,今後の問題となるのではないだろうか。

最後に,行政にとっての課題としては,第1に,人事考課に不公平が生じないようにするためのルール作りと監視が挙げられよう。第2に,個別的労使紛争を処理するための制度を構築・充実することが重要になっていくだろう。

注
1) この章では,さまざまな世論調査の結果を時系列的に比較することを通じて,日本人の意識の変化をみていくが,それらの世論調査の大部分は,内閣総理大臣官房広報室が編集している『世論調査年鑑:わが国世論調査の現況』(大蔵省印刷局)によって見出した。とくに,総理府が実施した調査結果については,『月刊世論調査』または各調査報告書で確認した。なお,NHKが実施した世論調査に関しては,主にNHK放送文化研究所(編)『放送研究と文化』(月刊)を参

2)「年功制は,企業にとっては良い制度だ」という回答と「年功制は,企業・労働者の両者にとって良い制度ではない」という回答の比率の合計。
3) 年俸制を導入している主要28社のうち,実際に制度を適用されている管理職(課長職相当以上)を対象に,1996年11月～1997年1月に実施された調査で,有効回答は283である。
4) 就業構造基本調査における「有業者」とは,① 普段,収入を目的とした仕事を持っており,調査日以降も仕事をしていくことになっている人,② 仕事は持っているが調査時点では休んでいる人,③ 収入はないが,普段,仕事をしている家族従業者,のいずれかに該当する者とされている。この調査では,[1年前との就業異動]について,「継続就業者」,「転職者」,「新規就業者」,「離職者」,「継続非就業者」というように区分して,当てはまるものを答えてもらっている。他方,[就業希望意識]については,有業者に対する場合,「継続就業希望者」(現在の仕事を今後も続けたいと思っている人のうち,次の「追加就業希望者」に該当しない人),「追加就業希望者」(現在の仕事は続けるが,それ以外の仕事もしたいと思っている人),「転職希望者」(現在の仕事をやめて,他の仕事に変わりたいと思っている人),「就業休止希望者」(現在の仕事をやめようと思っており,もう働く意志のない人)のどれに当てはまるかを,無業者に対する場合,「就業希望者」(何か収入になる仕事をしたいと思っている人),「就業非希望者」(仕事をしたいと思っていない人)のどれに当てはまるかを,それぞれ答えてもらっている。
5) 継続就業率については,判明している年度に関しては当該年度の就業構造基本調査報告書から引用したが,報告書に記載されていない年度に関しては報告書に記載されている継続就業者数,1年前の有業者数から独自に算出した。なお,昭和31年度に関しては,1年前の有業者数が記載されていないため,継続就業者・転職者・離職者を合計して算出した。

参考文献

石川晃弘,1975,『社会変動と労働者意識』日本労働協会
NHK放送文化研究所編,1998,『現代日本人の意識構造』(第4版)(NHKブックス:823),日本放送出版協会
NHK放送世論調査所編,1979,『日本人の職業観』日本放送出版協会
NHK世論調査部編,1984,『日本の大都市サラリーマン』日本放送出版協会
小池和男,1991,『仕事の経済学』東洋経済新報社
神代和欣・連合総合生活開発研究所編,1995,『戦後50年産業・雇用・労働史』日

本労働研究開発機構
佐藤博樹, 1987,「労働者の意識・価値観の変化」労働大臣官房政策調査部（編）『日本的雇用慣行の変化と展望（研究・報告編）』(2000年の労働シリーズ：2)：42－72, 大蔵省印刷局
佐藤博樹・神谷拓平, 1985,「労働倫理の計測—国際比較と日本における変化—」ワークエスィクス調査研究委員会（編）『先進国病と労働倫理の変容に関する調査研究』(NIRA OUTPUT：NRS-83-19), (財) 日本生産性本部：53－104
総務庁統計局, 1993,『平成4年就業構造基本調査報告』(全国編), 大蔵省印刷局
　　　　　　 1998,『平成9年就業構造基本調査報告』(全国編), 総務庁統計局
総理府統計局, 1957,『昭和31年就業構造基本調査報告』(上巻：全国編), 大蔵省印刷局
　　　　　　 1960,『昭和34年就業構造基本調査報告』(上巻：全国編), 大蔵省印刷局
　　　　　　 1963,『昭和37年就業構造基本調査報告』(上巻：全国編), 大蔵省印刷局
　　　　　　 1966,『昭和40年就業構造基本調査報告』(全国編), 大蔵省印刷局
内閣総理大臣官房広報室, 1971,『勤労者の意識調査』(昭和45年12月世論調査報告書), 総理府広報室
　　　　　　 1974,『勤労意識に関する世論調査』(昭和49年9月世論調査報告書), 総理府広報室
　　　　　　 1978,『勤労意識に関する世論調査』(昭和53年3月世論調査報告書), 総理府広報室
　　　　　　 1983,『勤労意識に関する世論調査』(昭和58年12月世論調査報告書), 総理府広報室
　　　　　　 1987,『勤労と生活に関する世論調査』(昭和62年7月世論調査報告書), 総理府広報室
　　　　　　 1992,『勤労意識に関する世論調査』(平成4年7月世論調査報告書), 総理府広報室
　　　　　　 1995,『今後の新しい働き方に関する世論調査』(平成7年10月世論調査報告書), 総理府広報室
間淵領吾, 1994a,「能力・業績重視の賃金体系と労働者の公平感」『elan』創刊号：36－39, (財) 社会経済生産性本部
　　　　 1994b,「現代日本における労働者の中心的生活関心」『紀要』社会学科：4(156)：1－28, 中央大学文学部
　　　　 2000,「不公平感を高める社会状況とは？—公正観と不公平感の歴史」海野道郎（編）『公平感と政治意識』(1995年SSM調査シリーズ第2巻)：第7章, 東京大学出版会

第8章　現代社会の余暇

20世紀も終わろうとする現在，勤労者一人当たりの年間総労働時間がついに労働時間短縮の目標とする1,800時間台に入った。労働時間が短くなれば，時間の余裕が出来る。さて現代日本人は，余暇をどのように活用することが出来るのであろうか？

出所)『週刊ダイヤモンド別冊　日米欧データ比較　脱・生活大国ニッポン　本当の豊かさとはなにか』1995年　ダイヤモンド社「労働からみた豊かさ比較」67ページ

図8-1 今後の生活の力点

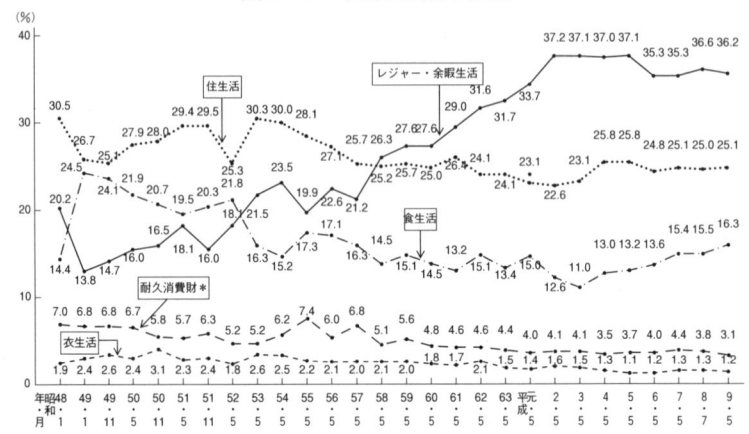

*自動車，電気製品，家具などの耐久消費財の面
出所）総理府広報室編，1998，『月刊世論調査―国民生活』3月号 49ページより

図8-2 充実感を感じる時

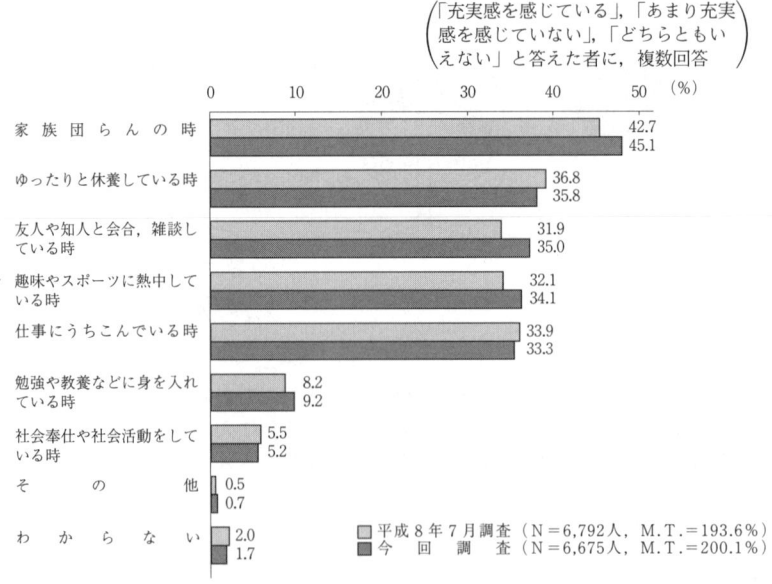

（「充実感を感じている」，「あまり充実感を感じていない」，「どちらともいえない」と答えた者に，複数回答）

項目	平成8年7月調査	今回調査
家族団らんの時	42.7	45.1
ゆったりと休養している時	36.8	35.8
友人や知人と会合，雑談している時	31.9	35.0
趣味やスポーツに熱中している時	32.1	34.1
仕事にうちこんでいる時	33.9	33.3
勉強や教養などに身を入れている時	8.2	9.2
社会奉仕や社会活動をしている時	5.5	5.2
その他	0.5	0.7
わからない	2.0	1.7

平成8年7月調査（N=6,792人，M.T.=193.6%）
今回調査（N=6,675人，M.T.=200.1%）

出所）総理府広報室編，1998，『月刊世論調査―国民生活』3月号 22ページより

図8-3 心の豊かさか，物の豊かさか

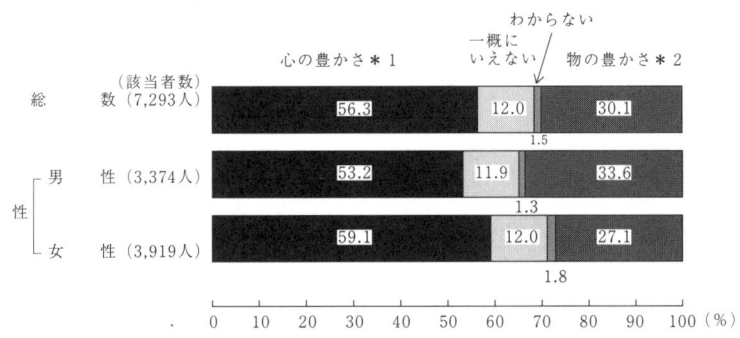

	(該当者数)	心の豊かさ*1	一概にいえない／わからない	物の豊かさ*2
総数	(7,293人)	56.3	12.0 / 1.5	30.1
男性	(3,374人)	53.2	11.9 / 1.3	33.6
女性	(3,919人)	59.1	12.0 / 1.8	27.1

*1 物質的にある程度豊かになったので，これからは心の豊かさやゆとりのある生活をすることに重きをおきたい
*2 まだまだ物質的な面で生活を豊かにすることに重きをおきたい
出所) 総理府広報室編, 1998, 『月刊世論調査—国民生活』3月号 51ページより

はじめに

　20世紀も終わろうとする現在，1998 (平成10) 年における，勤労者一人当たりの年間総実労働時間が1,879時間と，前年に比べて21時間も減った。ついに労働時間短縮の目標であった1,800時間台に入った。労働時間短縮に伴い余暇時間が増えている。そして，多くの人が余暇を生活のなかに取り入れようとしている。今後ますます労働時間は短縮され，余暇時間が増えていくことと思われる。しかし，労働時間が短縮されたからといって充実した余暇生活を送れるとは限らない。充実した余暇生活を送るには，まだまだ数多くの問題がある。長い労働時間（諸外国に比べ，日本の労働時間は長い）や，消化されない有給休暇などで自由時間が不十分であったり，旅行にいくにも長期休暇がなかなか取れない，金銭的余裕もないなど数々の問題がある。
　総理府内閣総理大臣官房広報室の「国民生活に関する世論調査」(1997 (平成9) 年5～6月調査) によると，1983 (昭和58) 年以降，住生活，食生活を抜いて，レジャー余暇生活が生活の中で最も力点をおきたいことになっている（図8-1

参照）（総理府内閣総理大臣官房広報室 1998：49）。また，統計数理研究所の「日本人の国民性」調査によると，現代の日本人は「金や名誉を考えずに，自分の趣味にあった暮らし方をする」(41%) という生き方をしたいという人が多数を占めている（統計数理研究所 1992：72）。このような生活観が図8-1のような結果を生んでいるといえる。

また，総理府の同調査において，どのような時に充実感を感じるかということに関しては，家族団らんの時 (45.1%) と答えた人が最も多く，ゆったりと休養しているとき (35.8%) が次にあげられている（図8-2参照）（総理府内閣総理大臣官房広報室 1998：21）。また心の豊かさ，物の豊かさについての考えを聞いた調査結果をみると，人々は物の豊かさよりも心の豊かさを大切にしようとしていることがわかる（図8-3参照）（総理府内閣総理大臣官房広報室 1998：51）。以上のことから昨今，人々の間にレジャー・余暇生活への志向が増加していることがわかる。

余暇生活を送れない一番の原因となっている長時間労働が見直され，先にも述べたように労働時間の短縮が進んでいる。その他，週休2日制の導入や，有給休暇の取得促進，所定外労働の削減など，労働時間の短縮を推進するための施策が数々採られ，自由時間の拡充が図られている（経済企画庁 1995：23）。

しかしながら，そうした数々の施策が有効に機能しているのかどうかは疑問であろう。残業はまだ多くの会社で行われているであろうし，有給休暇の取得もなかなか行われていないのが現状といえよう。

世をあげてのレジャー・余暇生活志向の存在，また一方における長時間労働の見直しに関連する数々の施策が採られているにもかかわらず，日本においては充実した余暇生活がなかなか実現できないのはなぜか，そして今後の余暇活動の可能性についてを考えてみよう。

1. 余暇社会希求の背景

　余暇は時代により意味も内容も変化している。現在語られている余暇は生活時間の全体から労働時間と睡眠，食事，排泄などの生理必需時間を除いた残りの時間とされる。ここで語られる労働とは，それは自然や人間のリズムに合った労働ではなく，機械のリズムに合った（合わされた）労働といえる。労働時間と余暇時間が対極に位置していない近代化以前の農業中心の社会では，余暇が明確にならない。つまり，農業社会の労働は自然のリズムに合ったものだったり，人間の生理に合ったものだったりするため，どこからが労働で，どこからが余暇なのか明確でないのである。近代化，産業化がなされたといえる明治期においても労働者の多くが，自営の職人あるいは商人であり，大規模な会社あるいは工場に勤める者もまだ少なく，余暇が明確にとらえられない。しかし，大正期にはいり，産業化の進展とともに就業構造に変化が現れ，その労働時間が正確に計測されるようになってくる。ここにおいて労働時間が確立し，労働しない時間つまり，余暇時間が発生し，労働と余暇が対極に位置するものとなった。当時余暇はスポーツや海水浴など西欧のものが多く採り入れられたが，戦争により余暇は規制される対象となる（薗田 1984：61-122／1999）。

　戦後の経済成長は，われわれの生産労働の面・消費生活の面・生活環境の面においてさまざまな影響をあたえたと指摘される（土屋 1989：213-239）。

　生産労働の面における変化とは，大量生産体制が整備されることにより，分業が進行することと同時に，技術向上を背景に単純動作の機械化が進行した。結果としてオートメーションが発達した。かような産業化・分業化・機械化による経済発展のなかで，生産工程労働者に関し物を創る実感を失わさせるようになる。また効率を追求する「科学的管理法」という，労働者の作業を標準化するアメリカ的生産方式により大量生産体制は大きな成果を上げた。しかしその一方において，人間の労働を非常に単調なものにし，労働をつまらないもの

にしたのである。この状況は，K・マルクスのいう'疎外された労働'にほかならない（Marx［1844］1932＝1962）。かような大量生産体制により生み出される規格品の消費者への押しつけは，人間性とか人間の個性，人間の自発性といったものを犠牲とした（Marx［1844］1932＝1962／Tönnies 1887＝1998／Pappenheim 1959＝1995）。

消費者は自分の買いたい物を買うのではなく，メーカー側から欲望を刺激され大量生産の規格品を購買させられる。いわばメーカー側の操作により何となく買わされてしまうのである[1]。生活環境の面においては，かような大量生産体制による経済成長は，自然環境の破壊を引き起こすことになる。また大量生産体制の単調な労働は，労働者の間にアブセンティーズム（absenteeism）[2]を引き起こすことになる。

また若者達の間にもこの大量生産体制がもたらす社会の管理社会化の不安感が広まり，それが学生運動として突出することになる。

経済成長はかような社会現象を引き起こすとともに，同時にそこで活動する労働者のみならずより広範で錯綜した人間疎外状況を生起するのである。つまり，階級関係における労働者の疎外を端緒に，労働の機械的・受動的労働への変質が起こったり，官僚主義的機構における人間の部品的な扱いが生じたり，また労働の規格化が労働者のパーソナリティの分裂をもたらすことになるのである。また社会生活全般においては，人々のつながりが皮相的であったり一過的なものになったり，人々の行為自体も極めて市場を意識したものになったりしていくのである。端的にいえば，人間疎外状況が，階級社会における疎外から効率重視・合理性重視に裏打ちされる大量生産・大量消費により特徴付けられる大衆社会における疎外へと変容し，われわれの生活に浸透してきたのである。

こうした，大量生産・大量消費時代も1970年代半ばの石油ショックにより，エネルギー及び自然資源の限界を知るにいたり，変化を余儀なくされる。

とくに産業に関しては，1970年代中頃を境にして支軸となるロジックが変わ

るとされる（土屋 1989：213-239）。1970年代の後半から単純な規格品の大量生産体制の追求をやめ，多品種少量生産が志向される時代となったのである。組織の規模も大企業の組織の時代から，中小企業の企業家精神の時代になった。また生産方式も，在庫を余分に抱えない方式へと転換した。つまり，必要な物が必要なときに，必要なところにくるという仕組みを工場の流れのなかで作ることへの転換（ジャスト・イン・タイム）がなされた。多品種少量生産，ジャスト・イン・タイムにとっては，情報交流こそが重要な鍵となる。こうした産業を支えるロジックの変化に伴い，大量生産体制時代のブルーカラー労働者の仕事を前提としてできたワークスタイルも，ホワイトカラーの仕事に合わせて変化を余儀なくされるようになる。つまり今や産業にとり必要とされるのは，開発の能力，創造性である。こうした視点から，自分の生活の中から新しいアイディアも出してくることが期待され，現在長時間労働である日本の余暇が改めて見直されるようになった。

　現代社会において余暇に焦点が当たるもう一つの重要な視点とし，高齢化社会の観点も忘れてはならない。つまり人生50年を前提にし形成された従来の経済社会システムから，人生80年時代にふさわしい生涯生活時間配分について検討することが国民生活をめぐる政策上の重要な課題とされる（経済企画庁国民生活局編 1986）。

　人生50年とされ，一生働くことで終わっていた時代には，生涯の生活時間配分パターンも，教育期－労働期－引退期の単線型人生であったが，高齢化社会を迎えるにあたり教育期，引退期が長くなり，かつ労働時間が短縮してくると，人生80年の時代には単線型人生は，労働，余暇，教育の各面において以下のような問題を引き起こすとされる（経済企画庁国民生活局編 1986：4-5）。

　① 自由時間の配分が高年期に集中し，青壮年期に少ないため，余暇活動を享受する機会が生涯を通じてバランス良く配分されていない。

　② 従来の引退期すなわち高年期を迎え，さらに働きたいと思っている人に対する就業の機会が少ない。

③著しい技術革新などによる労働環境の変化に適応するための能力や，自由時間の増加に伴い文化的・精神的価値を評価し，さらにはそれらを生み出す能力が必要となるが，従来の生活時間配分のままでは，こうした要求に応えることが困難。

こうした問題を解決するためには，労働，余暇，教育を人生全体のなかでとらえ，それに対応した社会のあり方を総合的に考察する必要が出てきた[3]。

こうした状況に加え，わが国においては以下にあげるような労働環境の変化も指摘される(経済企画庁国民生活局編 1986：7)。

① 1970年代のオイルショック以降，消費者物価の上昇率と失業率の相関関係がマイナスからプラスに転じたこと。
② 労働需要の伸びが，停滞してきていること。
③ 労働供給量が，女子労働の増加で，急速に大きくなったこと。
④ 各種失業救済制度に，失業期間を延長させる面が生じてきていること。
⑤ 技術革新が続き，これまで経験したことのない省力化の可能性が出てきていること。

こうした実状に加え，厳しい経済環境における省力化投資などに対応するため，従来の雇用創出策のほか，週労働時間の短縮，有給休暇の拡大，引退年齢の引き下げなどによるワークシェアリングの方法がクローズアップされたのである。

2. 労働時間と時短システム

(1) 日本の労働時間の現状

日本の労働時間はどれくらいのものなのだろうか。図8-4は日本の年間総実労働時間の推移を見たものである（財団法人余暇開発センター 1999：9)。これによると総実労働時間は，1960（昭和35）年が2,432時間でピークであった。それから1975（昭和50）年に2,064時間まで労働時間は減少している。その後

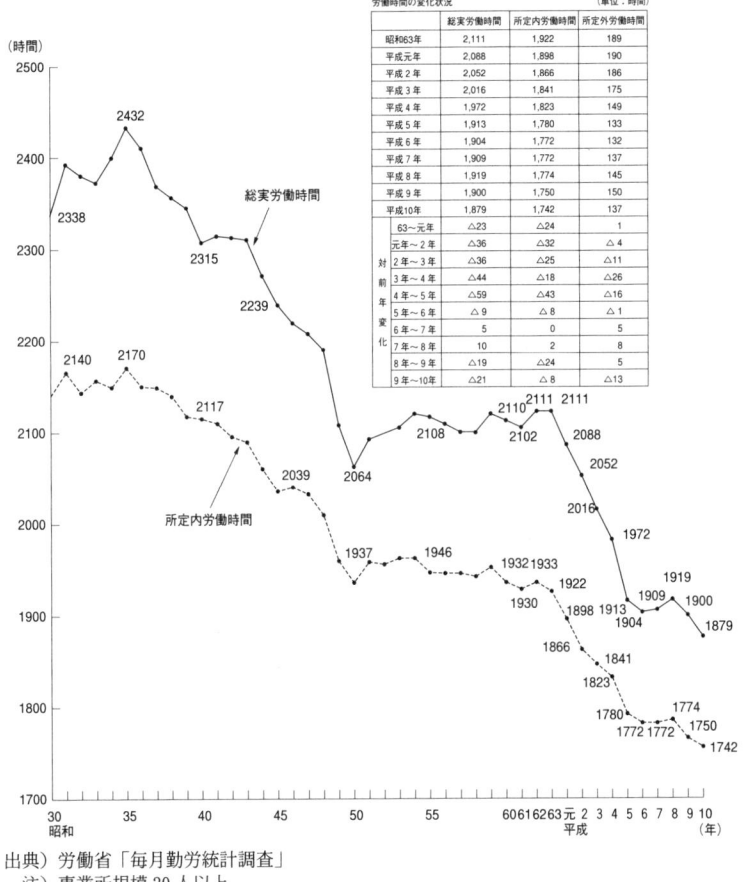

図8-4　年間総実労働時間の推移（調査産業計）

労働時間の変化状況			（単位：時間）
	総実労働時間	所定内労働時間	所定外労働時間
昭和63年	2,111	1,922	189
平成元年	2,088	1,898	190
平成2年	2,052	1,866	186
平成3年	2,016	1,841	175
平成4年	1,972	1,823	149
平成5年	1,913	1,780	133
平成6年	1,904	1,772	132
平成7年	1,909	1,772	137
平成8年	1,919	1,774	145
平成9年	1,900	1,750	150
平成10年	1,879	1,742	137
対前年変化			
63～元年	△23	△24	1
元年～2年	△36	△32	△4
2年～3年	△36	△25	△11
3年～4年	△44	△18	△26
4年～5年	△59	△43	△16
5年～6年	△9	△8	△1
6年～7年	5	0	5
7年～8年	10	2	8
8年～9年	△19	△24	5
9年～10年	△21	△8	△13

出典）労働省「毎月勤労統計調査」
注）事業所規模30人以上
出所）財団法人余暇開発センター，1999，『レジャー白書'99』4月　9ページより

　労働時間の短縮は進まず，2,100時間前後でほぼ横ばい状況が続いた。しかし，1987（昭和62）年から労働時間は減少し，1994（平成6）年には1,904時間となった。しかし，1996（平成8）年においては，1,919時間と労働時間がまた増加したものの，その後また減少し1998（平成10）年においてはついに，ようやく目標の1,800時間台にのった。1994年まで労働時間が減少した背景には，1987年か

図8-5　年間休日等の国際比較（1995年推計値）

□ 労働日　□ 欠勤日　■ 年次有給休暇　■ 週休日以外の休日　□ 週休日

（単位：日）

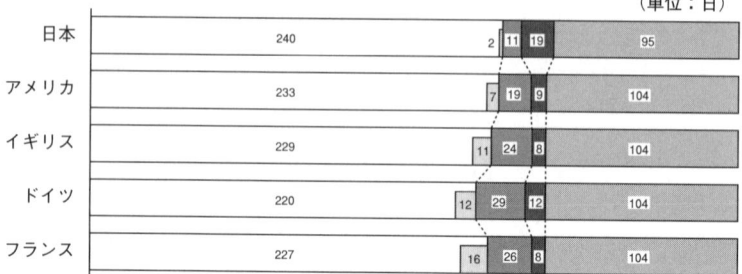

国	労働日	欠勤日	年次有給休暇	週休日以外の休日	週休日
日本	240	2	11	19	95
アメリカ	233	7	19	9	104
イギリス	229	11	24	8	104
ドイツ	220	12	29	12	104
フランス	227	16	26	8	104

出典）各国資料
　　　労働省労働基準局賃金時間部労働時間課推計
注）1. アメリカ，イギリス，ドイツ，フランスは完全週休2日制とし，年次有給休暇は付与日数とした。
　　2. 各国とも最新年のデータに基づいて作成した。
出所）財団法人余暇開発センター，1999，『レジャー白書'99』4月　129ページより

表8-1　年間総実労働時間の国際比較（推計値，原則として製造業生産労働者）

（単位：時間）

年	日　本	アメリカ	イギリス	ド　イ　ツ	フランス
1984	2,179(228)	1,935(177)	1,942(161)	1,671(78)	1,647
1985	2,168(230)	1,925(172)	1,942(161)	1,663(83)	1,644
1986	2,150(214)	1,935(177)	1,942(161)	1,655(83)	1,644
1987	2,168(224)	1,949(192)	1,947(177)	1,642(78)	1,645
1988	2,189(253)	1,962(203)	1,961(187)	1,642(83)	1,647
1990	2,124(219)	1,948(192)	1,953(187)	1,598(99)	1,683
1991	2,080(204)	1,943(187)	1,902(163)	1,582(83)	1,682
1992	2,017(160)	1,957(198)	1,911(172)	1,570	1,682
1993	1,966(137)	1,976(213)	1,902(165)	1,529	1,678
1994	1,966(139)	2,005(234)	1,920(171)	1,542(83)	1,679
1995	1,975(152)	1,986(234)	1,943(198)	1,550(88)	1,680
1996	1,993(168)	1,986(234)	1,929(182)	1,517(68)	1,679

出典）EC及び各国資料，労働省労働基準局賃金時間部労働時間課推計
注）（　）内は総実労働時間の内の所定外労働時間。ただし，ドイツの92年，93年，およびフランスの所定外労働時間は不明である。
出所）財団法人余暇開発センター『レジャー白書'99』129ページより

らの労働基準法改正をはじめとする労働時間対策が広範に進められたことがあげられる。

図8-4より労働時間が1994年までどんどん少なくなっていることがわかる。しかし，それでも日本の労働時間は他国に比べ長い。表8-1は年間総実労働時間の国際比較をしたものである（財団法人余暇開発センター 1999：129）。1996（平成8）年の年間総実労働時間で日本とドイツの間には，476時間もの差があり，所定外労働時間でも100時間もの差が存在している。ドイツ以外の国をみても日本の労働時間がいかに長いかがわかる。図8-5の年間休日などの国際比較をみれば日本の労働日の多さと休日の少なさがみてとれる（財団法人余暇開発センター 1999：129）。

このような休日の少なさが日本の長時間労働を生んでいる一因になっていると思われる。

(2) 時短システム

まだまだ長い日本の労働時間もようやく1998（平成10）年に，労働時間短縮策の目標とする1,800時間台に突入することができた。労働時間の短縮を推進するためのシステム，いわゆる「時短システム」とはどういったものなのであろうか。

労働時間の短縮が一つの中心的な課題となるのは，いわゆる「前川リポート」（『国際協調のための経済構造調整研究会報告書』1986年）の発表をその端緒とする。同リポートでは，わが国の経常収支不均衡を縮小させることを主目的として，外需中心の経済成長を改め内需主導型の経済社会を構築することを目標に掲げ，その一環として「消費生活の充実」を目指し，実現手段の一つとして「欧米先進国並の年間総労働時間の達成，週休二日制の普及」が謳われた。さらに，それを具体化するための指針として発表された，翌87年の新・前川リポート（『経済構造調整特別部会報告』）では，その方針の柱の一つとして「年間総労働時間1,800時間へ向けての労働時間短縮」が打ち出された（矢野・連合総研 1998：

144−45)。

　この見解の端緒は，1987（昭和62）年9月に行われた労働基準法の大改正による，労働時間の短縮・余暇の増加を求める，あるいは肯定するムードが後押しとなったといわれる（菅野　1989：161−184）。それを受け，1988（昭和63）年「経済運営五カ年計画」が閣議決定される。計画の重要課題として「労働時間の短縮と余暇の増加」があげられ「おおむね計画期間中に週40時間労働制の実現を期し，年間の総労働時間を計画期間中に，1,800時間程度に向けてできる限り短縮する」ことが目標とされた（菅野　1989：161−184）。

　そうした動きの集大成として，1992（平成4）年6月30日に政府は「生活大国5ヶ年計画」（1992〜96年度）を閣議決定し，「第Ⅱ編　地球社会と共存する生活大国のための施策」のなかで「ゆとりのための労働時間の短縮」を掲げている（経済企画庁　1992：8−9）。

　それは計画期間内に年間総労働時間1,800時間を達成することを目標にしており，①完全週休2日制（＝週40時間労働制），②法定割増賃金率の引き上げ，③サービス残業・過労死等を無くすための労働時間管理の強化，④学校週5日制（＝学校週休2日制）の四つの施策を実施するというものである。

　労働省は1993（平成5）年から，法定労働時間を週40時間にするための労働基準法の改正作業に着手してゆき，翌年の1994（平成6）年から週40時間制をスタートさせたのである（労働省労働基準局監査課　1998）。

　そして，1995（平成7）年に閣議決定した，現行経済計画（「構造改革のための経済計画―活力ある経済・安心できるくらし―」）において，年総労働時間1,800時間の達成・定着を図るため，①年次有給休暇の取得促進，②完全週休2日制の普及促進，③所定外労働の削減を柱として取り組みを進めることとしている（経済企画庁　1995：23）。

　現在，企業では時短を推進する方策がいろいろ実施されている。たとえばフレックスタイム制[4]やフレックス・サマーバカンス[5]，直行直帰制[6]，有給休暇取得などである。

労働時間はかような時短システムにより減少していった。そこで時短システムがどの程度実施されているのか週休2日制と有給休暇の二方策について見てみよう。

〈週休2日制〉

1997（平成9）年4月1日から週休2日制は，いくつかの例外的措置を含むものの，全面的に導入された。

〈年次有給休暇〉表8-2参照（労働省政策調査部 1996）

表8-2は1995（平成7）年（または平成6年会計年度）1年間に企業が労働者に，賦与した年次有給休暇（繰り越し日数を除く）は，労働者1人平均17.2日，そのうち労働者が取得した（消化）した日数は9.5日で，取得（消化）率〔取得（消化）／賦与日数〕は55.2％となっている。諸外国に比べ，有給休暇の取得（消化）が低いのが気に掛かる。なぜ有給休暇の取得率が低いのであろうか。

会社を休みにくい理由として，会社の同僚など周囲に迷惑がかかるというのが最も多い。病気などの備えという以外はほとんどが仕事に関する理由となっている。休んでもすることがないというのは，日本人の会社人間ぶりを象徴しているといわれる（財団法人余暇開発センター 1995：73）。

表8-2 労働者1人平均年次有給休暇の付与日数，取得日数及び取得（消化）率

年・企業規模	付与日数	取得日数	取得(消化)率
	日	日	％
昭和60年	15.2	7.8	51.6
平成2年	15.5	8.2	52.9
平成5年	16.3	9.1	56.1
平成6年	16.9	9.1	53.9
平成7年	17.2	9.5	55.2
1,000人以上	18.7	11.0	58.7
300〜999人	17.0	8.8	51.8
100〜299人	16.2	8.5	52.7
30〜99人	15.2	7.9	51.9

出所）労働省政策調査部編，1996，『賃金労働時間制度等総合調査』（平成8年版）労務行政研究所 24ページを参考にして作成

最近では日本でも会社が連続休暇や長期休暇制度を設けて強制的に休暇取得を促進する動きが広がっているといわれる。休暇の取り方まで会社に管理されているようであるし，日本の職場や上司や同僚への迷惑を気にして休みにくい雰囲気があるところが少なくない。好きなときに長期休暇が取れないのが，アメリカ22％に対し，日本50％。好きなときに取れるのがアメリカ23％，日本が8％という数字がそれを裏付けている。

　長期休暇日数でも，アメリカが10日〜14日が35％で最も多いのに対し，日本は10日未満46％が一番多い。20日〜29日ではアメリカは19％，日本は30％と逆転しており，休む時にはきちんと休む日本人も出てきているとされる（財団法人余暇開発センター　1995：77）。

　日本人の労働時間を長くしている暗数ともいえるものの存在について付言しておく。その存在とは，'サービス残業'である。この言葉は日本にしか存在せず，労働者が時間外労働をしても賃金をもらえずに，その分を「会社にサービスする」ということである。

　サービス残業は友人や部下など職場の仲間を気にして自分から積極的に行う場合もあれば，昇進・昇格や給料に支障が出るとし，仕方なく消極的に行う場合も考えられる。いずれのケースでもサービス残業は長時間労働を生む背景となる。労働省の「毎月勤労統計」によると，事業者の申告による1994（平成6）年の年間総労働時間は，1,910時間であるのに対して，総務庁の個人調査に基づく「労働力調査」では，約2,267時間とされている（犬飼　1996：31）。この調査が実態に当たっており，このことからも労働者1人当たり年平均で300時間を超すサービス残業をしていることが推測できるとしている（犬飼　1996：31）。

　時短システムは少しずつ効果を発揮しているようであるが，週休2日制の不徹底，有給休暇の未消化，所定外労働時間の存在など，まだまだ時間短縮には問題がある。そうした事態を生じさせる背景には以下にあげるようなわが国独特の問題点がある（菅野　1989：161－184）。

　① 日本の労使関係の中心が企業別の労働組合というものによる企業別の労

使関係である点

わが国の労使交渉は各企業レベルで行われるようになっている。企業別労使関係にはメリットも大きいが，その反面で労使の交渉が個別企業の枠内で行われ，企業の枠を超えた産業に横断的な労働条件の基準を定立するのが困難。

② わが国の企業社会或いは企業文化のあり方

欧米人と日本人との勤労観の違い。労働は必要悪であるというバカンス社会の勤労観と，労働は美徳であるという日本人の価値観とは全然違う。こうした日本人の勤労観よりも大きな作用を果たしているのは，実際の経営ないし人事管理の方法，つまりは低成長時代に定着した減量経営方式。つまり業務量は増加しているのに人間は増えてゆかず，恒常的に残業がある，休日出勤もしなくてはいけない状況を生じさせてしまっている。

③ 日本企業の業務遂行における集団主義

この諸点の詳細に関しては紙面の都合上別稿に譲らざるを得ないが，日本人の長時間労働はこれら日本独特の企業文化により形成されているということを忘れてはならないであろう。

3. 新しい余暇活動の可能性

人はなぜ余暇を欲するのか。労働との関係において整理した興味深い分類及び検証がある（経済企画庁国民生活局 1986：17）。余暇を欲する動機のバリエーションとしては以下の五つの動機があげられる。

① 休養動機；仕事が多忙で緊張し，疲労がたまっているので，自由時間を使ってそれを解消し，もとの状態を取り戻そうという動機。

② 不満解消動機；フラストレーション，もしくは否定的な情緒喚起（怒り，失敗，挫折）を経験したときに，自由時間を使い，浄化（カタルシス）活動を行い，その不満を解消しようという動機。

③ 代償動機；仕事の場で満たされない欲求，能力を，自由時間を使い，表現

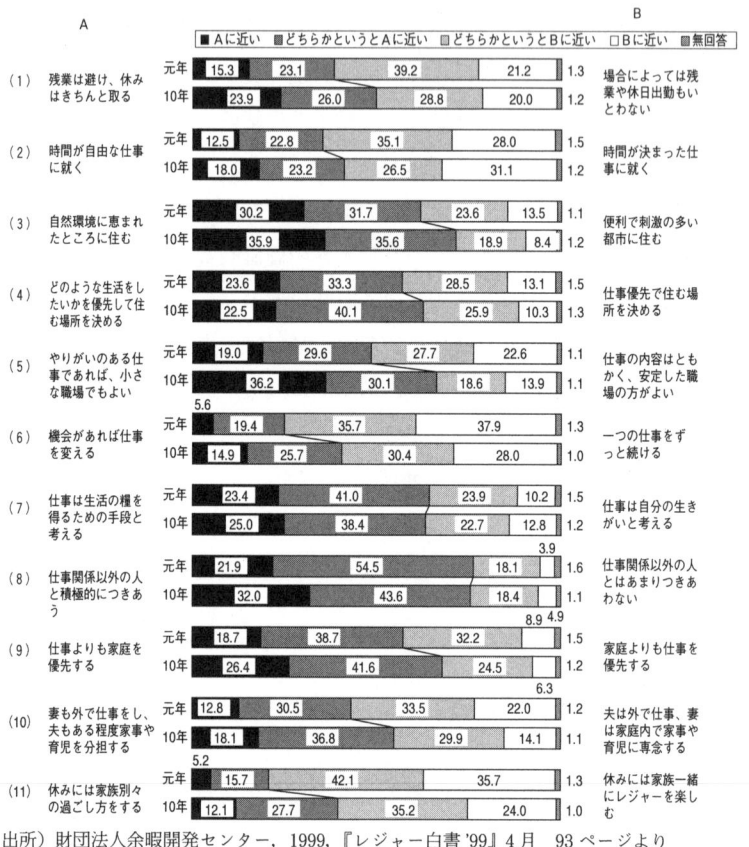

図8-6 日本人の生活意識・余暇意識（平成元年と平成10年の比較）

	A		Aに近い	どちらかというとAに近い	どちらかというとBに近い	Bに近い	無回答	B
(1)	残業は避け、休みはきちんと取る	元年	15.3	23.1	39.2	21.2	1.3	場合によっては残業や休日出勤もいとわない
		10年	23.9	26.0	28.8	20.0	1.2	
(2)	時間が自由な仕事に就く	元年	12.5	22.8	35.1	28.0	1.5	時間が決まった仕事に就く
		10年	18.0	23.2	26.5	31.1	1.2	
(3)	自然環境に恵まれたところに住む	元年	30.2	31.7	23.6	13.5	1.1	便利で刺激の多い都市に住む
		10年	35.9	35.6	18.9	8.4	1.2	
(4)	どのような生活をしたいかを優先して住む場所を決める	元年	23.6	33.3	28.5	13.1	1.5	仕事優先で住む場所を決める
		10年	22.5	40.1	25.9	10.3	1.3	
(5)	やりがいのある仕事であれば、小さな職場でもよい	元年	19.0	29.6	27.7	22.6	1.1	仕事の内容はともかく、安定した職場の方がよい
		10年	36.2	30.1	18.6	13.9	1.1	
(6)	機会があれば仕事を変える	元年	5.6	19.4	35.7	37.9	1.3	一つの仕事をずっと続ける
		10年	14.9	25.7	30.4	28.0	1.0	
(7)	仕事は生活の糧を得るための手段と考える	元年	23.4	41.0	23.9	10.2	1.5	仕事は自分の生きがいと考える
		10年	25.0	38.4	22.7	12.8	1.2	
(8)	仕事関係以外の人と積極的につきあう	元年	21.9	54.5	18.1	3.9	1.6	仕事関係以外の人とはあまりつきあわない
		10年	32.0	43.6	18.4	4.9		
(9)	仕事よりも家庭を優先する	元年	18.7	38.7	32.2	8.9		家庭よりも仕事を優先する
		10年	26.4	41.6	24.5	6.3	1.2	
(10)	妻も外で仕事をし、夫もある程度家事や育児を分担する	元年	12.8	30.5	33.5	22.0	1.2	夫は外で仕事、妻は家庭内で家事や育児に専念する
		10年	18.1	36.8	29.9	14.1	1.1	
(11)	休みには家族別々の過ごし方をする	元年	5.2	15.7	42.1	35.7	1.3	休みには家族一緒にレジャーを楽しむ
		10年	12.1	27.7	35.2	24.0	1.0	

出所）財団法人余暇開発センター，1999，『レジャー白書'99』4月　93ページより

しようという動機。

④余剰エネルギー動機；仕事が終わったとき，また休息，休養を十分とった後に，まだ自由時間と活力が十分あり，その活力を仕事とは別の活動に充てて，自己開発を図ろうという動機。

⑤仕事延長動機；仕事と余暇を区別しないで，余暇を仕事の積極的な強化手段にしようという動機。

この五つの動機のなかで，生き甲斐，働きがいにプラス面で影響する動機は，

①④⑤の動機で，マイナスに影響するのは，②③の動機であるという。

わが国の場合は，欧米諸国と比べ，まだまだ仕事，労働に対する忠誠心が高く，中・高年層は休養動機に，若年層は余剰エネルギー動機に裏付けられた自由時間の過ごし方をしているようである。つまりわが国の場合，仕事（労働）を中心に余暇を捉える傾向が強いということの現れであろう。

こうした自由時間はただただ休養という人々の思いが，第1節でも述べたとおり労働の場面のみならず社会生活の面においても人間疎外が進行するとによるのではないだろうか。

しかしそのような状況のなかでも今後の希望として，自己投資や社会貢献など，積極的に自由時間を生かす意識が強く芽生えてきているようである（財団法人余暇開発センター 1999：88）。図8－6（財団法人余暇開発センター 1999：93）の(1)(2)(5)(6)(7)および(9)(10)の項目の回答の変化を見てもわかるとおり，戦後の復興期以降半世紀にわたり，高度経済成長を可能にした社会システムを下支えした，「仕事本位」と「性別分業」という二つの価値を変容させ，「生活全体のゆとりの尊重」と「個人の自立」や「男女共同参画」という新しい価値を定着させつつあることが見てとれる（財団法人余暇開発センター 1999：92）。

また，(3)(4)(8)(11)項目の回答の変化から，自分に合った流れを見つけ，自然体でしなやかに自分なりの生活を築いてゆこうという，「自分本位」「自分流」の自立性に根ざすともいえるであろう生き方の傾向が見てとれる（財団法人余暇開発センター 1999：92）。こうした点に関し，仕事絶対優先の価値観とライフスタイルからの離脱の胎動が感じられる。

仕事絶対優先の価値観とライフスタイルからの解放は，生涯における自由時間の大幅な増大と相まって，新しい余暇（「社会性余暇」[7]）意識の萌芽をもたらしている。

これはつまり C. W. ミルズが指摘した，「労働と余暇が分離し，疎外された労働により分裂した彼（勤労者）のパーソナリティは，余暇生活における刹那的な刺激に没入することにより均衡を回復する（Mills 1951＝1957）」という従来

の余暇活動の次元を凌駕し，積極的余暇活動の次元にはいる可能性を示すものといえる。

またこうした社会性余暇の担い手の活動は，

「余暇においても，自分に合った生き方，自分らしい過ごし方を求めている。サラリーマン，父親，母親といった従来の帰属集団の役割から距離を置き，一個人―生活者として行動しようとしている。そして「個」や「私」を前提に，職場や家庭といった既存の帰属集団ではなく，新たなネットワークを求めて余暇を生きる，というスタンスである。」

と語られ（財団法人余暇開発センター 1999：119），ここに現代大衆社会における人間疎外状況を突破する，F.テンニエス（Tönneis 1887＝1998）が示唆したゲノッセンシャフト的集団形成の可能性を見いだすことが出来る。

現代社会は，資源・環境問題，少子高齢化に伴う介護問題など，市場経済の限界ともいえる課題を抱え，隘路に踏み込んだ観がある。しかし一方において，NPOやNGOそしてボランティアといった，新しいセクターによる取り組みも活発化しつつある（時井 1999）。こうした動きにとり，余暇時間は貴重な資源となり，また新しい価値や行動を生み出す苗床となる可能性がある。この可能性を生かすも殺すも，個人そして社会レベルにまで及ぶ意識変革が必要であろう。つまり余暇を労働の対極とし捉えることにより，余暇が各個人の生きがい（人生）にとりマイナス要因になるという従来の考え方から，余暇と労働を並列に捉え余暇を各自の生きがい（人生）に取り新たな地平を開くためのプラス要因になるという考え方へと，いかに転化できるかにかかっていると思われる。

注
1) 現代人の共通の社会的性格として市場的志向（marketing orientation）を指摘，ここに現代人の疎外状況を見いだした。
(Erich Fromm 1955＝1958)
他人指向型人間ともいえる。
(David Riesman 1950, abr. ed., 1961, *The Lonely Crowd : a study of the*

changing America character［加藤秀俊訳，1964,『孤独な群衆』みすず書房］参考）
2）1960年代後半から始まった，工場内での無断欠勤とか，工場の管理者に対する反抗的な態度を取るなどの動き。（土屋守章 989：225）
（Erich Fromm 1955＝1958） 参考
3）OECD・CERI（経済協力開発機構・教育研究開発センター）の提起する循環的な生涯生活時間の配分方法（労働・余暇・教育を生涯にわたり柔軟に配分使用とする制度の利点）
　①失業者の救済とジョブ・セキュリティ（雇用の安定化）を図ることができる。
　②クオリティ・ライフ（生活の質）の改善を図り，人生の自由度を拡大することができる。
　③教育・学習機会と労働機会の相互交流をはかり，人生，社会，経済を活性化することができる。
　④女性や高齢者の就労機会を増やすことができる。
　⑤レジャーの享受と引退への準備をスムーズにすることができる。
　⑥所得の再配分で進めてきた福祉政策に労働機会の再分配の福祉策を導入することにより，社会保障負担など，政府支出の軽減を図ることができる。（経済企画庁国民生活局編，1986,『人生80年時代における労働と余暇』4～5ページ）
4）1988年労働基準法の改正で導入された「フレックスタイム制」（第32条の2）は，全員が勤務していなければならない「コアタイム」をはさみ所定労働時間を従業員が設定するパターンが基本となる。（内田弘 1993：178）
5）富士ゼロックスでは1990年度より社員がずらして休暇を取る「フレックス・サマーバカンス」に移行している。（内田弘 1993：180）
6）東京花王（花王の販売会社）では，販売部門の従業員が直接に外回りし，外回りから帰宅する「直行直帰制」を導入している。（内田弘 1993：182－183）
　財団法人余暇開発センター，1999,『レジャー白書'99』88ページ　参照。
7）自由時間を通して積極的に人や社会と関わり，自分の趣味や関心に基づく活動が結果的に社会に役立ち，そのことが自らの喜びや生き甲斐につながるような，社会性を帯びた余暇の過ごし方。（財団法人余暇開発センター 1999：98）

参考文献
総理府内閣総理大臣官房広報室編，1998,『月刊世論調査』平成10年3月号
統計数理研究所編，1992,『日本人の国民性』

経済企画庁国民生活局編, 1986,『人生80年時代における労働と余暇』
経済企画庁編, 1992,『生活大国5ヶ年計画地球社会との共存をめざして—』
経済企画庁編, 1995,『構造改革のための経済社会計画—活力ある経済・安心できるくらし—』
薗田碩哉, 1984,「余暇生活の歴史(1)(2)(3)」一番ヶ瀬康子・薗田碩哉・牧野暢男, 1984,『余暇生活論』有斐閣
薗田碩哉, 1999,『余暇学への招待』遊戯社
土屋守章, 1989,「経営組織における緊張とゆとり」東京大学公開講座『ゆとり』IX 東京大学出版会
Karl Marx, 1844, *Ökonomisch-philosophische Manuskripte*, MEGA, Abt. 1, Bd. 2, 1932（三浦和男訳, 1962,『経済学=哲学手稿』青木書店）
Ferdinand Tönnies, 1887, *Gemeinschaft und Gesellschaft* : Grundbegriffe der reinen Soziologie（杉野原寿一訳, 1998,『ゲマインシャフトとゲゼルシャフト（上）（下）』岩波書店）
Friz Pappenheim, 1959, *The Alienation of Modern Man*（粟田賢三訳, 1995,『近代人の疎外』岩波書店）
Erich Fromm, 1955, *The Sane Society*（加藤正明・佐瀬隆夫訳, 1958,『正気の社会』東京創元社）
David Riesman 1950, abr. ed., 1961, *The Lonely Crowd* : a study of the changing America character（加藤秀俊訳, 1964,『孤独な群衆』みすず書房）
財団法人余暇開発センター, 1995,『脱・生活大国ニッポン』週刊ダイヤモンド別冊
財団法人余暇開発センター, 1999,『レジャー白書'99』
矢野眞和・連合総研編, 1998,『ゆとりの構造』日本労働研究機構
菅野和夫, 1989,「労働生活とゆとり」東京大学公開講座『ゆとり』IX 東京大学出版会
労働省労働基準局監査課, 1998,『チャート労働基準法［改訂2版］平成10年』
労働省政策調査部編, 1996,『賃金労働時間制度等総合調査』労務行政研究所
犬飼憲, 1996,『憲法を職場に生かす』新日本出版社
Charles Wright Mills, 1951, *White Colklar* : the American middle classes（杉政孝訳, 1957,『ホワイトカラー』東京創元社）
時井聰, 1999,「非営利組織の機能と働きがいの創出」石川晃弘・田島博実編『変わる組織と職業生活』学文社

第 IV 部
現代社会のイメージと社会学へのパースペクティブ

第9章　コミュニケーションと社会

ガスの保安点検に訪れた人と主婦の挨拶。そこには「おカネだけの関係だ」と割り切れない結びつき——信頼関係がある。心のこもった挨拶は確実なコミュニケーションの発端であり，確認でもある。

プロローグ

　ちょっと目礼（目つきで挨拶）でもすればよいのに……。講義で見知っている学生がそのまま目をそらして通り過ぎた。私は観察をしたことになる。二つの行為はすれ違い，彼は「何も起きなかった」ことを選んだようだ。このとき彼が挨拶をしたら私は挨拶を返したに違いない。単独の行為の擦れ違いではなく相互行為が成立する。彼は行為者として私に挨拶して私の反応を呼び起こす刺激を与え，私はそれに反応して挨拶を返す。今度は私の方から何か話しかけて彼の反応を待つかもしれない。その時その場では，そのまま分かれたとしても互いに挨拶を交わしたという事実は互いの記憶に残る。私にとって彼は自分の講義に出席している学生で，しかも挨拶という形でその関係を教室以外の場所でも確認し合った学生であるということになる。どこかで見かけたときには私の方からでも「こんなところで何してる？」と声をかけることがあるかもしれない。ふとすれ違ったときに挨拶で成立する相互行為は時と場所を変えても，その挨拶を通して確認された関係のなかで継続していくものであるようだ[1]。

1. コミュニケーション，そして「行為関連としての社会」について

　挨拶は社会関係があることを確認する行為，あるいは人づきあいの扉を積極的に叩く行為である。それはコミュニケーションの端緒であり，コミュニケーションが人々の行為を相互行為として結びつけ，行為関連としての社会を構成する前提条件になっている。挨拶には社会を維持する機能があるといわれ，どんな社会でも挨拶をする／しないというコトには社会的な厳しい視線が向けられている。だから，挨拶をしなければ当人が意識していなくても，相手には社会的な行為として大きな印象を残すことが多い。それはたとえば「挨拶もでき

ないのか」という非難のことである。場合によってはそうした反応が大きな痛手となって跳ね返ってくる。われわれは既に社会のなかで行為をしているのだから，この社会で当たり前とされる振る舞いをしなかった場合にはそれなりの評価がその人物に対して下される。その当人が挨拶をしないという行為に社会的行為の休止符という意味を与えたとしても，もはや演奏が開始されている社会という楽曲のなかではその休止符に個人の思惑とは別の大きな意味がある[2]。

　行為関連としての社会とはこの演奏が開始されている楽曲のようなものだ。それは人々の行為と行為とを織りなしてつくられる関係のまとまりであり，一つのシステムである。楽曲の全体が一つひとつの音譜の意味を定めているように，このシステムが個々の行為の意味を決定している。だが，オーケストラの楽器を担当する人々が指揮者の解釈と指示に従いながらも，実演の舞台では自らの解釈と意志で演奏できるように，このシステムにおける各人の行為も完全に統制されたものではありえない。社会の一員として，われわれは行為関連というシステムのなかにいるのだが，そのシステムが個々人の行為の関連からできているという事実が，行為者の主体的な「はたらきかけ」をもシステムの重要な要素（有意味なもの）としている。行為とは人間行動の特徴とされる意図性・目標志向性（デザインすること）を重視して動物の行動とは一線を画して用いられる言葉である[3]。

2. システムとはどのようなものか？

　初めて入った飲食店に『明朗会計システム』とあるから何のことかと思ったら，その隣に「いつもニコニコ現金払い」と書いてある。生活のなかで出くわすシステムには「こういうシステムなので，こうして下さい」というように，関わる人にどのようにするのかということを知らせるはたらきがある。たとえば何かの手続きで役所に行って「この書類はあの窓口に持っていって下さい」

といわれたら，そこには仕事の分担と手順とで構成されたシステムがある。学校や会社などの組織，国や政治や法律の制度などもシステムとして設計されている。それらはパソコンのシステムのように実体（モノ）のように存在し，「操作」を誤れば人を受け付けてくれないが，そのシステムに従っていれば手続きに戸惑うことはあっても行為に迷うことはない。（行為者としてシステムに関わっている意図や目標はひとまず，ハッキリしているから。）こうしたシステムは行為関連の意味を定め，一定の相互行為の展開を予期してデザインされている。実際に人間が関われば，そこに行為関連としての小さな「社会」——何かのシステムとして断片化されているという意味で——が生じる。その前提となっているコミュニケーションの特徴はツケのきかない飲食店や役所の窓口で，さて，どのような気分で行為しているかと省みればよくわかる。「決まりですから」といわれてしまえば「固まってしまう」ところもある。人為的に構築された多くのシステムの中で／システムと共に生活しているという現実が今日の社会にはある[4]。

　システム……。それは日常的で馴染み深い実体概念ではなく関係概念で構成されている。システムという言葉を用いるには二つの概念の違いを知らなければならない。われわれは言葉によって事物（モノやコト）の内容やイメージを思い浮かべる。その内容やイメージを概念という。たとえば「花」といわれたときわれわれは桜や薔薇やすみれなど思い思いの花を想像する。そうした個々の想像を超えて「花」という一般的なイメージもある。「花のように美しい」というときがそれだ。これらのイメージは実体としての花そのものを拠り所としているので，「花とは何ですか」とその意味を尋ねられたときには何かの花を指して「これ（ら）が花です」と答えられる。これが実体概念としての「花」である。関係概念としての「花」はそうではない。野原に花が咲いている場面を思い浮かべてみよう。蜜蜂が飛んでくる。このとき，両者が結びついて一つの「全体」を構成したときに生じる意味がある。蜜蜂にとって花は重要な食糧源であり，花にとって蜜蜂は受粉の媒介者だ。両者の関係によって生じるそれぞれ

の内容とイメージがある。関係概念とはこのように，事物が他の事物との関係によって生じる意味を把握しようとするものだ。そこへ一人の少女がやって来て同じ花を摘んで髪にかざしたとき，われわれはそれを「花の髪飾り」と呼ぶように，他の事物との関係のなかでは事物は新たな事物となる。そして，少女の「花の髪飾り」が風に奪い去られた瞬間に一輪の「花」に戻るように，全体としての関連が消え失せたときにはそれは花そのもの，つまり実体（実体概念）へと戻っていく[5]。

　システムを構成する個々の事物は全体との関連の中で部分あるいは構成要素（要素）と呼ばれるが，それは個々の事物がシステムという全体的な見地から関係づけられていることを意味している。つまり，全体としてのシステムが個々の部分（要素）間の関係を決定し，関係概念として生ずるそれらの内容やイメージ（機能的意味という）を特定する。この場合，構成要素に対するシステムの意味を問う必要はない。そうすれば構成要素がシステムを「構成要素」として別のシステムをつくることになる。全体は部分に先立つ。われわれは砂時計の砂やボクシングのサンドバッグの砂や建築用材として用いられる砂の違いがわかるのだが，それは時計やボクシングやコンクリート建築という全体の関連を既に知っているからだ。「挨拶をしない」という行為がもつ社会的な意味の深刻さが腑に落ちない人がいるとすれば，その人は行為関連としての社会（の全体性）に思いが及ばない——知らない——ということなのである。

3. システムがコミュニケーションをデザインする

　挨拶ができなくても大学の履修システムに従って単位を修得すれば卒業はできる。それは履修システムが挨拶を重視しないからだ。何かのシステムが挨拶を重要と認めたら話は別だ。現に会社の新人教育システムはビジネスマナーといって，挨拶の仕方を厳しく教えることがある。学生も会社訪問のシーズンになると気になるようで，その手のマニュアル本の売れ行きは好調だ。社会の要

請として挨拶が大切だというわけではなく，システムや学生の当面の目標に合わせて挨拶の重要性が決まる。（その証拠に愛想の悪い社員もいる。）これはコミュニケーションについてもいえるかもしれない。社会の要請としてではなく，システムや個人の目標に合わせてコミュニケーションの重要性が決まることがある。

　実際，人間の関わるシステムではコミュニケーションのデザインが重要になっている。たとえば，飲食店の店舗経営のシステムを『一見様(イチゲン)お断り』システムと『明朗会計』システムとして素描し，行為関連のシステムとして眺めてみよう。前者の行為関連を特徴づけるのは店が客を個別に認知しているという点である。商品・サービスと料金を交換するだけの客が普通の客，そうでないのが馴染み客だ。商売をカネに換算できない「もてなし」を含むモノだと考えて，交換以上の何かを演出する台本があると考えればわかりやすい。客の応対にはすべて個別の配慮が要求され，挨拶も「いらっしゃいませ」だけではすまされない。料理の好みも知らないというわけにはいかない。従業員教育もタイヘンだ。システムの行為者として，客も「もてなし」の価値がわからなければならない。店がこれを貨幣換算すれば「もてなし」が嘘になる。『一見様お断り』というシステム全体の意味が瓦解し，一つひとつの相互行為の意味も交換へと帰着する。客が応接の質を察してそれに報いるべきだ。それは「心付けをはずむ」という行為かもしれないし，新規上客の紹介かもしれない。このシステムを支えているのはその時その場の交換ではなく，「末永い」関係の持続の中で互いの贈与（思いやり）が均衡する（帳尻を合わせる）という筋書き，「商人であって商人でない店」と客との間の互酬という擬制(フィクション)である[6]。

　『明朗会計システム』には，そこまでの慎重な応対は不要である。人件費も抑えて客が現金払いできる安価な商品・サービスを提供することが先決だ。接客は一応，そつのない受け答えができればよいのでバイトで十分ということになる。調理も個別に客の好みを配慮するより商品を多様に揃えて客が「選べば」よい。回転寿司のように「数えればわかる」というような明解さも大切だ。常

連客の特別扱いは普通の客には不愉快だから，サービスも均質にした方がよいし，「現金払いでお願いします」といえるクールな関係の維持が肝要だ。システムの行為者として，客は賢い消費者であればよい。このシステムを支えているのはその時その場の取引関係の中で双方納得するという筋書き，商人と「ある程度商人のような客」との間の等価な交換という擬制(フィクション)である。

　店舗経営のシステムを挙げたのはわれわれが客として関わることが多いのでわかりやすいと考えたまでで，現在多くの会社が生き残りをかけて顧客とのコミュニケーションや会社内外のコミュニケーションを戦略的にデザインしている。これもわかりやすい例を挙げよう。商品を通して人々が楽しくやっている様子など，良好なコミュニケーションを強調しているCMを見かける機会が増えた。人間関係の演出に意欲をみせる会社は商品を提供するだけの存在ではないことを知るべきだ。良い使われ方をする財（goods）を提供する良い会社として社会に「はたらきかける」ところに戦略的に活路を見出しているのだ。また，Eメールやインターネットなどは会社内外のコミュニケーションのあり方を変えている。これらは「社会の一員として何をする会社なのか」，「高度情報社会の情報管理をどうするか」などという点で経営システムのあり方の根幹に関わっており，この場合も上の例と同様に会社と顧客との間の，あるいは組織における有効・有用なコミュニケーションがシステムの目的に従って戦略的にデザインされているのである。システムがコミュニケーションのデザインを通して社会との関係を探っているということでもある[7]。

　システムがコミュニケーションを戦略的にデザインする事態をコミュニケーションに対する（したがって，それを前提とした行為関連としての社会に対する）システムの優位と呼んでおこう。システムの優位といってもシステムがコミュニケーションを牛耳っているわけではない。店舗経営システムの場合には，それぞれのシステムが提示するコミュニケーション（商売の仕方といってもよい）が，どの程度「当たるか」という点は社会の受け取り方によって決まる。不況の折りにどちらのシステムが有利かということを考えてみれば社会の

前提となっているコミュニケーションの方がシステムのデザインを決めるという場面が見えてくるだろう。システムは生き残りをかけてコミュニケーションをデザインするが、そのコミュニケーションは局所的である。コミュニケーションの大局がシステムの明暗をわける。システムとコミュニケーションとの関係は微妙である。

　この点はヒューマンサービスの分野でより鮮明になる。病院や福祉施設のクライアントへの対応、役所の住民への対応、学校の児童・生徒への対応などはそれ自体がコミュニケーションだ。その内実がそのまま提供されるサービスの質に直結している。それはコミュニケーションや、それを前提とする行為関連そのものがシステムの成果（目的）だということでもある。（組織運営上のカネの問題も重要だが、それは別問題である。）そして、システムがコミュニケーションをデザインするときシステムは自己の目的を問い詰めることになる。人為的に構築されるシステムの目的はシステムが定めるものではなく、システムの外から人為的に託されたものであるから、社会という行為関連のなかでシステムの意味が問いなおされることになる。言い換えれば、システムの自己確認とでもいうべきことが必要になってくる。システムにとって当面の自己とは構成要素のことであるから、構成要素に対するシステムの意味が問い直されなければならない。既に記したように、これは別のシステムをつくることである。それを別のシステムにしないためにはシステムが構成要素ともども生きていて、環境の変化に応じて進化・発展すると考えざるをえない[8]。いずれにせよシステム改革が必要だ。これができなければそれぞれの機関で「何やら説明が増えただけ」ということになりかねない。上で述べた会社の取り組みでも同じことだ。

　システムがコミュニケーションのデザインをすれば、かえって行為関連としての社会の重要性が見えてくる。しかし、学生が就職をキッカケに挨拶の重要性を意識するように、何かのシステムや「個人の思惑」に比べて社会というものの影は薄い。卒業して社会に出るといわれるが、それは普通、就職先（会社

システムなど）に入るということである。そこには小さな「社会」があり，社会の常識とはいくぶん違う常識がある。たとえば，そこで「悪事」が行われても堂々と内部告発が行われるのは稀だし，そうする人は生き方まで変えなければならない。多くの場合，社会に情報を漏らすというのがギリギリの選択になっているようだ。システムのなかでの行為はシステムとの関係においてのみ意味をもち，その行為の「主体」となる行為者も関係概念として把握された「人間」であるにすぎない。実体としての人間は，その経歴やその時その場の状況で本来それぞれ異なる行為をするものだがシステムはなかなか変わらない。一方で，就職先が決まらなかったり，リストラに遇って失業というとき，つまり行為の意図や目標が達成されなかったり中断されたときに社会に投げ出されるという感じがある。このように考えると，システムや，それを構成する人々の実際の行為関連が織りなす小さな「社会」ばかりが目について，社会はそれらとは隔絶した「環境」であるかのようにも思えてくる。行為関連としての大きな社会——綜合的という意味で——や，その前提であるコミュニケーションはなかなかみえてこない。

4. コミュニケーションと社会のデザイン——社会学の入口まで——

　社会学が研究の対象とするシステムは人為的に構築される個々のシステムだけを射程に入れたものではない。普通のものの見方の他に科学的なものの見方，つまり科学的な認識の水準を設定してその水準でシステムということを考える。学問的な観点から人々の相互行為によって社会が構成されるというときには，人間が上にみたようなシステムにおとなしく従うだけとは考えないし，人間が常にシステムの用意した筋書き通りに行動しているとも考えない。実体としての人間の観察や内観（自分の経験の観察）が先だ。こうした考え方はシステムの真の姿は当のシステムが描いている姿（自己規定）を超えたところにあるという考え方と通じている。システムは実体のように存在するから，自分

の姿を完全にみることができないという限界を実体のようにもつ。われわれが鏡を見てビジュアルな自己確認をするように，実体は自己以外の事物との関係を通して自己を確認するよりない。人為的に構築されたシステムでは，少女の髪飾りが風に舞ったように，まず構成要素を既定の関係から切り離して実体として復活させることが鏡を用意することになる。行為関連のシステムなら行為の意味を問い直さなければならない。そもそも，人間の行為関連の網の目が現実にはそうした個々のシステムを超えて複雑であるから，システムには予期せぬ問題が生じ，実状に合わせて自らを変容させていかなければならなくなったのである。そうした現実の行為関連としての社会を研究対象とするには社会現象を，それらの個々のシステムをデザインしていくのとは別の水準で認識していく必要がある。特定の人間の思惑ではなく，すべての人間の行為によって構成されているシステムや，個々のシステムではなく綜合的に把握されるシステムとしての社会，その前提となるコミュニケーションが社会学によって探究されなければならないのである。ここで新たな起点を設定しよう。

　「コミュニケーションがとれない（うまくいかない）」というときに，われわれは『伝えようとすることが伝わらない』，『関係がうまくいかない』ということをいっている。それはコミュニケーションが行為関連としての社会を構成する前提条件であるということのちょっとした証拠かもしれない。少なくとも，そこには他人と上手く関わりたいという気持ちがある。コミュニケーションはラテン語のcommunisを語源とする。それには① 共有の・共通の・共同の，② 一般の・通常の・日常の・公共の・普通の，という意味と共に③ 愛想のよい・如才ない・平民的な，という意味がある。ローマの歴史家リヴィウス（前59後－17）の 'communis utilitas societatis maximum vinculum est.'（共通の利益が社会の最上の鎖（絆）である。）という言葉があるが，それには当然，共通の利益を確認する作業が前提となっている。人々が愛想よく，如才ない歩み寄りの努力を不断に展開している様子を読み取ってもよいかもしれない。「コミュニケートしているとき，われわれは他の人間と情報，観念，態度を共有しようと試みている」と

いうことには誰もが納得するであろう。コミュニケーションには社会と個人との対立と調和，全体（システム）と部分（サブシステム）との統合の問題という社会学の中心問題が内在する。社会学が独立した学問として意識されていない時代にもこの問題を避けて通ることはできなかった。われわれは「共通の利益が社会の最上の鎖（絆）」であるという言葉を歴史を超えた基準点にしてコミュニケーションと，行為関連としての社会の認識の歩みを垣間見ながら，現代社会が出現する原理的な仕組みに迫ってみよう。それは社会学を目指して出立する旅でもある[9]。

(1) 古典古代や中世の社会の「まとまり」とはどのようなものか

歴史はプラトン（前427－前348/47）とアリストテレス（前384－前322）をとくに大きな存在にした。まず，部分と全体との関係について彼らの考え方が重要だ。それが社会と個人との関わり方を決めるからだ。プラトンは「全体を部分のためにつくっているのであって，部分を全体のためにつくっているのではない」（プラトン 1976b：636）という。アリストテレスも「全体としての身体が壊されると，人が石の手を手という場合のように，同名意義的にいうのならともかく，そうでなければ手も足もない」，つまり全体が消失すれば部分は少なくとも本来の意味はもたない（システムの考え方！）として，「全体は部分より先にあるのが必然」とする。彼は，同様に「国は家やわれわれ個々人より先にある」ともいう（アリストテレス 1969：7）。「国をなさぬもの」は「ホメロスによって『部族もなく，法もなく，炉もなき者』と非難された人間のような者」，「ちょうど碁の孤立した石のように孤独なもの」だと評して，人間は「自然本性的には国的動物（zoon politikon）」であるという有名な規定を行うのだ（アリストテレス 1969：7）。そして，普通の人間には他者との行為関連としての社会が必ずあり，その前提としてのコミュニケーションが問題になる。

プラトンが，「金銭や評判や名誉のことばかりに汲々としていて，恥ずかしくないのか。知と真実のことには，そして魂をできるだけ優れたものにすることには無関心で，心を向けようとしないのか？」と，その師ソクラテスが自らを

裁く法廷でアテナイ市民にコミュニケートする様子を描いたことはよく知られている（プラトン 1975：84）。この問いかけの根底に「善というもの(イデア)」がつけ加わってはじめてすべての事物が有用(オーベリマー)・有益なものになるという考えがある（プラトン 1976a：470）。人間には利(ユーティリタス)益を追求するより先に大切なことがあるとされるのだ。一方、アリストテレスはプラトンのように独立して存在する唯一の「善というもの(イデア)」があるという考え方はしない。人間が実際に行うさまざまな行為の目的となるものが善であり、「人間の行為によって実現されうる善」は多数存在すると考えて、大切なのは他の善（目的）の手段にならない「最善のもの」、すなわち「幸福」であるとした（アリストテレス 1973：16-17）。「幸福」とは「徳の完全なる実現あるいは使用のことである」と規定され、「同様な者からなる共同体の一種」とされる国は「可能な最善の生活」、つまり「幸福」を目的とすると定義されているのである（アリストテレス 1969：294）。

　この二人にあっては、有用・有益というコトについて「善」そのもの、あるいは「最善のもの」にまで突きつめて深く討論・洞察することが理想国家（理想の行為関連としての社会）を構成する前提条件としてのコミュニケーションの内容になっている。そのためには討論する共同体(コミュニティ)が必要であり、彼らのはたらきかけ(コミュニケート)はそれを手段とし、それを目的としていたともいえそうだ。アリストテレスは「生まれつきと習慣と理(ことわり)」で人は有徳の人となるが「多くは教育の仕事である」と述べ（前掲書，308）、プラトンも新国家建設との関連で魂を「善」へと「向き変える技術」として教育には深い関心を寄せている（プラトン 1976a：501）。国民として備えるべき徳が行為を介して「自然本性的」に国家に深く浸透していく。そういった意味で道徳が国家に優先する。その限りで彼らの理想国家建設の「戦略」は可能であるし有効でもある。しかし同時に（それだからこそ）、彼らの道徳が結局のところポリス国家の道徳であるにすぎないという限界も生じてくる。「倫理と国家倫理とはそこでは一致し、それゆえ政治と道徳とのあいだの衝突は一つも存在しなかった」とその特殊性が指摘されるのである（マイネッケ 1969：77）。

プラトンやアリストテレスの考えを基礎にして，古典古代のポリス的人間観や社会観をキリスト教を通して普遍化した人にアウグスティヌス（354頃－430）やトマス・アクィナス（1224/26－1274）がいる。彼らも人間は自然本性に基づいて社会を形成すると認めた。トマスは人間が社会的かつ政治的動物（animal sociale et politicum）であり，共同体のなかで生活することは自然本性的であり，このことは他の動物よりも人間について真実あてはまるという（トマス 1980：038, ORP, lb1, cp1, 30）。全体は部分より先にあると考える点も古典古代の人々と変わらない。社会は自然に形成される全体だ。しかし，彼らの打ち立てたキリスト教的人間観や社会観の下では，「全体」に神が重さを与えている。

　それはこのようなことだ。アウグスティヌスは利用（uti）と享受（frui）とを峻別する。共に行為として何かを用いるという意味があるが，利用は「役立つものを，愛するものを獲得するということに関わらせること」。普通にいう利用である。他方，享受は「あるものにひたすらそれ自身のために愛をもってよりすがること」であるという（Augustinus 1988：31）。この場合には行為者の意志は愛から出て，対象そのものと固く結びついている。そして，享受されるべき対象は「永遠で変わることがない」もの，神以外にないとされる。享受する人は神の愛（カリタス）の秩序を確認した有徳の人ということになるが，その人は神に完全に服従して自分が「神の建造物の一つの石」だということを自覚しているから善（目的）を自由に利用して誤ることがない。神への服従は何もしないということではなく，神のために自己を完全に利用するということでもある。アウグスティヌスは「石は生かされる」と説いている（説教, 156－12－13）。この「石」は上に引用したアリストテレスの「石」とは少し違うようだが，要するに，利用は手段的・道具的（インストルメンタル）なところに留まっているのに対して，享受には自らを神へと関連づけるという，それ自体に重大な（サブスタントリー）意味があることになる点が重要だ。

　トマスも国家の目的は人びとがよく生きること，徳に基づく生活であるとしてアリストテレスと同じことをいうが，この場合の徳に基づく生活とは神にお

ける享受（fruitio divina）という究極目的へと導かれている（トマス 1980：038, ORP, lb1, cp. 15–16）。そうなると全体が部分より先にあるといっても，部分には全体を享受しつつあるという側面，生きている「石」といった含意が出てくる。この点に関するトマスの考えはテキストの検討から次の点が確認がされている。(1)全体に包み込まれるものといっても部分に固有の価値が認められないわけではなく，部分もまた一つの「全体」である。(2)部分と全体とは相互にとって価値あるもので，全体が部分によって完成されるばかりでなく，部分も全体のなかで完成をみる。(3)部分は全体を目標としてこれに向かい，そうすることで部分もなにかを取得する。(4)部分は他の部分のためになるように助け合うようでなくてはならない。これらの部分は「単なる『部分』ではなく，pars は participatio と連なる，参与，参加するという動的，積極的な概念である」と教示される（沢田 1969：143）。「聖トマスにおいては『全体主義』の問題はありえない。人間存在はそれ自身の価値をもつ一箇の人格であって，ただ単なる『個人』ではない。」ともいわれる（コプルストン 1970：453）。この「部分」の共同的なはたらきはそのまま社会の絆でもあるが，こうした全体と部分との関係は，部分ともども生きているシステムの在り方を示唆するものである。

　利用ではなく享受という行為においては，そうしたはたらきが行われる目的と原因とが一致していることが重要だ。トマスはその目的であり原因であるものは特殊な善ではなく，すべてにとって共通な善，共通善（bonum commume）と呼ぶ。そして，それは神のことなのである。トマスにとって人間は社会的かつ政治的動物であり，共同体のなかで生活することは人間の自然本性であった。そうした自然本性にしたがって神を受け入れる徳（能力）つまり共通善において／共通善のなかでコミュニケーションを成立させる徳（能力）が行為関連としての社会を成立させる条件であるということになる。「共通の利益が社会の最上の鎖（絆）である」ということにこだわるなら，「共通の利益（communis utilitas）」は「神における享受（fruitio divina）」に置き換えられ，ここでは宗教と国家とが浸透し，宗教の国家に対する優位が確立している。教会は国家

に優越してすべての中心に立つ。われわれは享受という言葉を通して，コミュニケーションとしての宗教とでもいうべき側面に気づくだろう。そして，利用に関しては「真の」利益について人びとの討論・弁証の余地は大いにあるが，享受となると信仰をめぐる思惟・瞑想が基本になる。共通善すなわち神による行為関連を築くためには，コミュニケーションのネットワークとして思惟・瞑想の共同体(コミュニティ)が必要となる。それが手段であり目的でもあろう。

(2) 近代社会に向かってシステムは自律していく

近代的政治思想や科学的政治学の創出者と評されているマキャベリ（1469-1527）は「想像の世界より，具体的な真実を追求することのほうが，私は役に立つと思う。これまで多くの人は，見たことも聞いたこともない共和国や君主国を想像の中で描いてきた。しかし，実際の人の生き方と人間いかに生きるべきかということとは，はなはだかけ離れている。」という（マキャベリ 1966a：105）。確かに，どれほど善良に生まれつき，どんなにすばらしい教育を受けたところで，やすやすと堕落してしまうという一面も人間にはある（マキャベリ 1966b：297）。また，有徳の人といっても徳を意味するラテン語のヴィルトゥース（virtus）には力，才能，勇気といった人間の身体に密着した意味もあり，この意味合いがこれまでも，またとくにルネッサンス以降，高まっている。それに連れて，道徳や宗教が国家や社会の優位に立つという前提が崩れてもいるのだ。マキャベリが自らの言葉でヴィルテュ（virtú）と説くときには人間のもつ赤裸々な力に重点を置き，道徳観や宗教観に左右されない打算的なエゴイズムに則って行為する純粋な政治的人間が対象となっている。それと比較すれば，上記の人々は「愛想のよい・如才ない・平民的な」コトではすまされない現実をみてはいるが，理想国や理想社会を築く基盤となる討論の共同体や思惟・瞑想の共同体を「立派な人」あるいは「いいひと」のコミュニケーションのネットワークとして構想しているという事実が際立ってくる。

人の実際の生き方に焦点を合わせれば，国家や経済などがそれぞれ一個の

「全体」として振る舞い，道徳や宗教を自己の目的のための手段として利用するという局面もハッキリしてくる。ルネッサンス以降の人間の行為が，堕落といわれようが「個人」の活きいきとした行為として他の何ものからの制約をもはね除けて「私は私である」という方向へと動きだすように，国家や経済なども自らの存在理由を「最高善や共通善のために」といった他の何かにではなく自らのうちに見出し，自らを自らによって目的化するという方向へと動きだす。国家や経済といっても人々の行為の関連から成り立っているのだから，このことは一人ひとりの行為の意味が道徳あるいは宗教に向かって収束せず，多様な意味を帯びてくるということでもある。こうして行為関連として成立する社会が唯一の「全体」を構成しなくなると話は難しくなる。あるべき社会やコミュニケーションを構想するところで，「立派な人」や「いいひと」ではなく実体としての人間の自然本性を再考しなければならなくなる。新たな人間論が展開され，欲求や利己心そして理性，言語なども再び考察の対象となる。社会を成立させるコミュニケーションの成り立つ深いところが社会契約や共感，同情の原理などを通して探究されることになったのである。「共通の利益が社会の最上の鎖（絆）」であるという言葉の「共通の」というところが深刻になってきたのである。

たとえば，近代に特有な機械論な見方で国家論を突き詰めたホッブス（1588－1679）が，あらゆる人間にみられる自然的本性として第1に挙げるのは力（power）を求める欲求だ（ホッブス 1971：133）。この力の中で最大のものは多数の人が同意して，一人格（person）にその力を集中した場合であるという（ホッブス 1971：122）。これは人々の力を代表者（representer）に結集することだが，そうした行為関連をつくるには前提としてコミュニケーションが必要だ。彼は「代表（representative）」という近代政治の中心概念を「人格」の語源を検討しながら導き出している。ラテン語のペルソナという語は舞台の上で見せかける人間の仮装や外観，ときには仮面や覆面のように顔を仮装するものを意味しているが，人格という語はそこから転じて劇場だけでなく法廷でも言葉

や行為を代表する者（representer）を意味するようになったという。だから「人格」は「役者（actor）」と同じであり，「人格化する（personate）とは，自分自身や他のものを『演じる』（act）こと，すなわち代表する（represent）ことである。」とする（ホッブス　1971：187）。このとき演じさせる者もまた脇役だ。ホッブスによれば，人々には自分が生き残るために利己的な欲求の対立から生じる戦争状態を解消し，侵略されない社会をつくる必要がある。自分の力を社会を代表する主権者に譲り渡すという誓約を互いに立て，契約を結ぶことで戦争状態を国家（コモンウェルス）へと移行させる。国家とは，それ自体が一つの人格だと定義されている（ホッブス　1971：196）。これは人々の演技の総体で成り立つ，それ自体で意志をもった行為関連のシステムのことである。

　またたとえば市民社会（法の前での自由と平等を原理とする社会）の全体的把握を確立したアダム・スミス（1723-1790）は，社会に分業が確立されると人々は自分の労働によって得られた生産物と他人の生産物とを交換することで多様で利己的な欲求を満たすようになるが，「あらゆる人は，交換することによって生活し，つまりある程度は商人になり，また社会そのものも，適切にいえば一つの商業社会（commercial society）に成長する」とそのことを表現している（スミス　1959：24）。社会を，消費システムとしての社会の欲求を分業化された巨大な工場のようなもの（マニュファクチュアー）が生産システムとして支えている。そこに交換＝流通システムが個々人の活動局面として商業社会を展開する。そして，行為関連としてのこの局面で行為者はすべて「商人」としての性質をもちあわせなければならないというのである。スミスは未開社会と対比しつつ人間の創造力の萎縮，無能化，全体的視野の喪失といった分業（生産システム）の及ぼす人間疎外も同じ『国富論』の第5篇などで指摘しているので，商業社会における「商人」としてという条件設定は重要である。彼は社会というものは，商人たちがそうしているように人間の間に相互的愛情とか愛着などなくても，互いがもつ効用（utility）の感覚から存立できるという。「社会は，合意的な価値評価にもとづくめいめいの尽力の欲得づくの交換によって

もこれを維持することができる」とするのだ（スミス 1969：上, 203-294）。しかし、この社会の運動は政治システムによって完全にコントロールできるものとは考えていない。「人間社会という偉大なる将棋盤の上では」,「手がそれに与える運動原理以外の原理は何ら持っていない」が,「あらゆる個々の駒は, 立法府がそれに与えようとしてたまたま選ぶ運動原理とは全く異なった, 独自の原理を持っている」とされるのである（スミス 1969：下, 494）。

哲学者カッシーラーはマキャベリを「政治闘争を, あたかもそれが西洋将棋のゲームであるかのように眺め…, このゲームの種々の規則を徹底的に研究したが, しかしこれらの規則を変更したり, 批判したりしようとは少しも考えなかった」と評したが, 唯一の「全体」が見失われたとき, それでもどこかで綜合的な「全体」を視野におきたいなら理性をコミュニケーションの絆を織りなす針として, 眼前に展開する「全体」的なものを「ゲームであるかのように眺め」ることは妥当な方策かもしれない（Cassirer 1960：186）。ゲームは共通のルールを確認しあった後に, 限定されたコミュニケーションを前提に展開する行為関連のシステムである。ゲームには理性や共感などに則して「演じる」という側面があるが, 基本は勝ちたいという欲求である。しかし,「立派な人」や「いいひと」は少なくとも自分自身を演じることはない。

エピローグ

近代という時代に向かって政治や経済などが, それぞれシステムとして自律的に人間を構成要素とするゲームを展開してきた。このような変化の延長線上に, 人為的に構築された多くのシステムのなかで／システムと共に生活しているという現状がある。社会をみる見方さえ, たとえばホッブスやスミスが人間論や言語論を基に社会全体の成り立ちを考察したにもかかわらず一般には政治学者, 経済学者へと分類されたように, 分化してきた。その過程で綜合的な社会はみえにくくなり, 幾つかのゲームがそのまま「人生ゲーム」になったとき,

数々の反省が生まれてきたのである。

　社会学は近代社会へと向かうこの変化の中で生まれて以降，コミュニケーションの変化や，それに規定される全体的な社会像を捉えようとしてきた。厳密に分類しようもないが，テンニエス，デュルケーム，マッキーヴァー，パーソンズ，A. ギデンズなどは社会の構成的変化を，パレート，M. ウェーバー，ハーバーマスなどはコミュニケーションの原理の変化を，ジンメル，クーリー，ミード，ルーマンなどは社会と個人の接触点の変化を導きの糸にしていると，これをみればわかりやすいかもしれない。もっとも，これは読者がそれぞれ社会学と対話しながら自分で分類すべきことだ。われわれは「挨拶」という身近な行為から出発したが，それは社会学を学ぶということと学ぶ人の実際の行為とを近づけようとしたからだ。同時に，拙稿が学科(ディシプリン)としての社会学からの「挨拶」となればというちょっとした下心もあった。

注
1) 「挨拶」は社会学や文化人類学などが注目する基本的な社会的行為である。以下の文献でこの具体的な行為を通して「社会」を考察する糸口が得られる。藤崎 (1979), (1981), 野村 (1983), 社会学的思考のヒントになるものとしてはオルテガ (1969), マリノウスキー (1970), ゴッフマン (1985) を挙げておこう。
2) コミュニケーションという概念は従来から多様な用いられ方をしてきた。社会学，心理学などの辞典をひもといて，その裾野を確かめられたい。情報科学，言語学，記号学などの急速な発展も加わってコミュニケーション学というジャンルも出現している。多様に展開する社会学の理論との関連ではクーリー (1921), ミード (1973), (1991), ブルーマー (1991) などが基調となろう。また，社会学的業績への歴史的視角からの集団論を基軸とした総括は社会学的コミュニケーション論の一領野を開いている。リースマン (1964) やミルズ (1957) 田野崎 (1965), (1969), (1975) などがヒントになろう。
3) 行為関連としての社会については新明 (1939), (1942), (1974) などを参照のこと。この概念は社会本質論として展開されており，行為連関 (system of action) を分析理論としてのみ規定する立場とは異なっていると考えたい。後述する実体概念と関係概念とが交錯する局面は社会本質論として把握された場合により一層際立つ。ミクロ—マクロ結合という理論構成上の問題としてのみで

はなく，社会生成の問題局面を表現している。
4) システム概念はシステム哲学，システム科学，システム工学が三つ巴で関連し合い発展している。松田（1985）は独自のシステム理論を展開するものであるが，システム思想の恰好の入門書となっている。また松田（1979）は，そのシステム理論の社会学への応用について説いている。サイモン（1969），チャーチマン（1972）も社会科学との関連で示唆に富むものである。社会学とシステム理論の応用についてはバックレイ（1980）を挙げておきたい。
5) カッシーラー（1979）はこの点に関する哲学的考察である。わが国では廣松（1975）の考察を挙げておかねばならない。
6) ここでいう互酬性（reciprocity）についてはサーリンズ（1984）を参照されたい。
7) 野中（1990）より今日の企業の知的活動の一端を窺い知ることができる。別の角度からボードリヤール（1979）も理解を助けるであろう。高度情報社会への対応については手始めに濱口（1986）を勧めておきたい。
8) 「生きているシステム」という語感を確かめるためには河本（1995），吉田・鈴木（1995）を参照されたい。
9) 以下の叙述の中心となるべき自然法（natural law）については拙稿はふれていない。自然法をどう扱うかという点は社会学成立史にとって重大な問題だが，さらに社会科学全般の方法論にもかかわってくる。また，科学技術の発達で地球的規模の運命的共同性が生じてしまった現在，自然法的なるものの重要性は増している。論じ方自体が一つの問題である。内田（1985），井上（1961），新明（1947）の順に文献に当たると社会科学における自然法の役割の理解に役立つかもしれない。また，読了の後に内田（1971），中井（1962），ヒューズ（1970），ニスベット（1977），ベル（1977）にあたってみられたい。

参考文献
井上　茂, 1961,『自然法の機能』勁草書房
内田義彦, 1971,『社会認識のあゆみ』岩波新書
内田義彦, 1985,『読書と社会科学』岩波新書
河本英夫, 1995,『オートポイエーシス』青土社
新明正道, 1939,『社会学の基礎問題』弘文堂（『著作集』第2巻所収）
新明正道, 1942,『社会本質論』弘文堂（『著作集』第2巻所収）
新明正道, 1947,『社会学の発端』有恒社（『著作集』第5巻所収）
新明正道, 1974,『社会学における行為論』恒星社厚生閣
田野崎昭夫, 1965,「分業論の系譜と課題—集団組織論のために—」,『中央大学文学

部紀要』第 11 号
田野崎昭夫, 1969,「集団社会学序説」,『中央大学文学部紀要』第 53 号
田野崎昭夫, 1975,「社会学における歴史性の問題について」『紀要』(哲学科篇) 第 21 号, 中央大学文学部
中井正一, 1962,「委員会の論理」『美と集団の論理』中央公論社
野中郁次郎, 1990,『知識創造の経営』日本経済新聞社
野村優一, 1983,『しぐさの世界』日本放送出版会
濱口恵俊編著, 1986,『高度情報化社会と日本のゆくえ』日本放送出版協会
廣松 渉, 1975,『事的世界観への前哨』勁草書房
藤崎康彦, 1979,「対人間コミュニケーションの視野」『民族学研究』44 巻 1 号
藤崎康彦, 1981,「あいさつの文化人類学」『言語』第 10 巻 4 号　大修館書店
松田正一, 1979,「社会学の方法としてのシステム論」『現代社会学』12 号　講談社
松田正一, 1985,『システムへの誘い』泉文堂
吉田民人・鈴木正仁編著, 1995,『自己組織性とはなにか』ミネルヴァ書房
アウグスティヌス, 1988,『キリスト教の教え』(アウグスティヌス著作集 6) 教文館
アリストテレス, 1969,『政治学』(アリストテレス全集 15) 岩波書店
アリストテレス, 1973,『ニコマコス倫理学』(アリストテレス全集 13) 岩波書店
オルテガ・イ・ガセット, 1969,『個人と社会—ひとびとについて—』(オルテガ著作集 5) 白水社
カッシーラー, E., 1960,『国家の神話』宮田光雄訳　創文社
カッシーラー, E., 1979,『実体概念と関数概念』みすず書房
クーリー, C. H., 1921,『社会と我—人間性と社会秩序—』日本評論社
ゴッフマン, E., 1985,『出会い』誠信書房
コプルストン, E., 1970,『中世哲学史』箕輪・柏木訳　創文社
サイモン, H. A., 1969,『システムの科学』ダイヤモンド社
サーリンズ, M. D., 1984,『石器時代の経済学』法政大学出版会
スミス, A., 1959,『国富論』岩波文庫
スミス, A., 1969,『道徳情操論』上・下　米林富男訳　未来社
チャーチマン, C. W., 1972,『理性への挑戦』竹内書房
トマス　アクィナス, 1980,『王制論』(*De regimine principum*, S. Tomae Aquinatis Opera Omnia 3, frommann-holzboog Verlag.)
ニスベット, R. A., 1977,『社会学的発想の系譜』1・2　アカデミア出版
バックレイ, W. F., 1980,『一般社会システム論』誠信書房
ヒューズ, H. S., 1970,『意識と社会』みすず書房
プラトン, 1975,『ソクラテスの弁明』(プラトン全集 1) 岩波書店
プラトン, 1976a,『国家』(プラトン全集 11) 岩波書店

プラトン，1976b,『法律』（プラトン全集13）岩波書店
ベル, D., 1977,『資本主義の文化的矛盾』講談社学術文庫
ブルーマー, H. G., 1991,『シンボリック相互作用論』勁草書房
ホッブス, T., 1971,『リヴァイアサン』永井道雄訳（世界の名著23）中央公論社
ボードリヤール, J., 1979,『消費社会の神話と構造』紀伊国屋書店
ホワイト, W. H., 1959,『組織の中の人間』東京創元社
マキャベリ, N. B., 1966a,『君主論』（世界の名著16）中央公論社
マキャベリ, N. B., 1966b,『政略論』（世界の名著16）中央公論社
マイネッケ, F., 1969,『近代史における国家理性の理念』(世界の名著54)中央公論社
マリノウスキー, 1970,「未開社会における意味」 オグデン他『意味の意味』新泉社
ミード, G. H., 1973,『精神・自我・社会』青木書店
ミード, G. H., 1991,『社会的自我』恒星社厚生閣
ミルズ, C. W., 1957,『ホワイトカラー』創元社
リースマン, D., 1964,『孤独な群衆』みすず書房

第10章 「新しいモダニティ」の条件
―― 社会はどこに向かっているのか？――

広島平和記念資料会館提供／米軍撮影

　科学，戦争，国家，産業。それらが集約された原爆ほど，20世紀を，そして近代社会を象徴するものはないかもしれない。高度に発展した科学とテクノロジーは，わたしたちに幸福をもたらすはずではなかったのか。しかし，人類最高の叡智によって生み出されたのは，わたしたち自らを絶滅させるような原爆にしかすぎなかった。原爆が開発されるようなことは，どうして生じたのだろうか。そうした条件の下で，生きるということは，どのようなことを意味するのであろうか。わたしたちは，未来に希望がもてるだろうか。21世紀に向けて，いま，何を考え，何をするべきなのか。

1. モダニティの社会学

　「このままのやり方では，地球社会は，持続不可能である。もはや，先延ばしすることは許されない」。UNEP（国連環境計画）が1999年9月に発表した「Global Environment Outlook 2000」は，そう呼びかける[1]。地球環境は，修復不可能なほど，深刻な状態にある。「このままでは，わたしたちの住む地球は，明らかにもたない」との警告に対して，わたしたちはどのように応えることができるだろうか。

　持続可能であるどんなやり方があるだろうか。また，そうしたやり方をどのようにして実行することができるだろうか。いま，わたしたちは考え，動き出さなければならない。しかし，そのためには，そもそもわたしたちがどんな社会に生きているのか，その社会はこれからどこに向かうのか，を問わなければならないだろう。そして，わたしたちが社会学を学ぶことによって，最終的に知りたいのは，そうしたことのはずである。社会学は，その期待に応えることができるだろうか。

　わたしたちが現に生きている社会，そして社会学がその研究対象とするのは，〈近代〉と呼ばれる社会である。それは，どのようなものであろうか。近代を理念的に支えてきた啓蒙主義の思想家たちのもくろみによれば，近代社会においては，科学的な知識が累積され，それによって，確実性は増大するはずであった。つまり，人間は社会や自然をコントロールすることができるようになる，と信じられていた。しかし，その予想は見事に裏切られた。社会や自然をコントロールし，未来を予測することができるどころの話ではない。わたしたちは，おそらく以前の世代の人々よりも，どこに連れられていくのかわからない不安に囚われているのではないか。というのも，それ以前の社会には決してみられなかった，恐るべき速さで変動していく社会に，わたしたちは生きているからである。そうした変動を，わたしたちは制御することができない。近代

とは，そうした社会なのである。

　1980年代半ば頃から，〈モダニティ〉に関する議論が活発化した。なぜか。社会に何か大きな変容が生じつつあるということが，多くの人に強く感じられたからであろう。大きな変化の只中におかれれば不安を感じるし，それは大きく人間を突き動かす。変化に対処するために，何が起こっているのかを理解しなければならない。その変容は，近代というものの根幹に関わるものであるようだ。いま，わたしたちはモダニティについて，あらためて徹底的に考える必要に迫られている。

2. モダニティとは

　モダニティとは，〈近代性〉ないし〈近代〉を意味する言葉であるが，厳密に定義することは難しい。ここでは，「17世紀以来西欧において生み出され，多かれ少なかれその影響が全世界的に広がった社会生活や組織の様式」という定義を参照しておく（Giddens 1990＝1993：13）。

(1) モダニティの特徴

　では，そうしたモダニティの特徴とは何であるのか。モダニティについて考察するだれしもが認めていると考えられるのが，以下の諸点であろう（Bell 1973；Giddens 1990）。

　第1に，モダニティにおけるその変動の速さである。自分の子どものころの生活と現在の生活を比べてみただけでも，その変わり様にあらためて驚かされることだろう。ましてや，100年，200年前との比較では，その変化は一目瞭然である。しかし，社会が急速に変動するということは，決して当たり前のことではない。石器時代は約100万年続いたといわれる。この時代の社会においては，大きな変動は生じなかったのである。わずか300年前後のあいだのモダニティにおける急速な変動は，きわめて特異なことなのである。

第2に，変動の及ぶ範囲の広さである。近代以前の社会では，遠く離れた場所での出来事によって影響されるなどということはほとんどなかった。しかし，いまでは違う。あらゆる地域が相互に関連づけられ，近代社会のシステムに組み込まれた。つまり，モダニティの影響は，地球上のさまざまな地域にまで及ぶこととなったのである。

　そして第3に，あらゆるタイプの伝統的な秩序から区別される近代の秩序の出現である。あるいは，近代における諸制度の特異性と言いかえることもできるだろう。近代の制度は，それ以前の社会に見られたものとは，その性質において，全く異なっているのである。

　以上のように，時間的速さ，空間的広がり，そしてその中で作られる近代諸制度の特異性こそ，モダニティの特徴を構成する。では，この諸制度の特異性とは，どういったものであろうか。

(2) モダニティの制度分析

　資本主義，産業主義，監視，軍事力の四つの制度的次元に，近代の特異性が表現されている (Giddens 1990＝1993：75-84)。この四つの次元について，順に考えてみよう。

　近代社会が，明らかにそれ以前の伝統社会と異なっており，伝統社会には見られない制度を発展させたということは，古典的な社会学者によっても認識されていた。しかし，多くの場合，資本主義か，あるいは産業主義という，たった一つの制度に関心が集中された。これまでモダニティの分析をリードしてきたのは，一つには，マルクス主義の「資本主義分析」であった。もう一つは，それに対抗するものとして，多くの場合，機能主義者によって展開された「近代化論」ないしは「産業社会論」であった。それは，モダニティの原動力として，産業主義を重視するものであった。

　このように，これまで，近代社会は，「資本主義社会」あるいは「産業社会」として把握されてきた。しかし，近代社会は制度のレベルにおいて多次元的な

のである。資本主義社会や産業社会にそれらに代えてモダニティという概念を使用する理由は、そこにこそある。

① 資本主義

近代という社会を考える上で、K・マルクスの資本主義分析は、いまなお大きな意味をもつ。マルクスは、資本主義こそがモダニティの原動力であると考えた。では、資本主義とは何か。それは、生産手段を所有する資本家が、労働者の提供する労働力を商品として購入し、商品生産を行い、利潤獲得を目指すシステムである。だが、資本主義を単に利潤を求めた交換のシステムとして理解するべきではない。資本主義社会においては、資本家と労働者という階級関係が成立する。近代社会は階級社会である、ということを忘れてはならない。

資本主義は、あらゆるものを飲み尽くし、拡大していく。利潤を求めて絶え間なく運動していく姿こそ、資本主義の本質である。わたしたちが、貨幣を用いて、街中に溢れているモノを売り買いすることが、資本主義という制度を再生産している。何かを欲しいと思うその欲望さえ、資本主義のシステムに組み込まれているのだ。

② 産業主義

それにしても、なぜこれほどまでにいたるところモノで溢れかえるようになってしまったのだろうか。それは生産力の飛躍的上昇の賜物であり、それを可能にしたのが、産業主義の発展である。産業主義の特徴は、生産過程において、化石燃料などの無生物エネルギーを利用することにある。しかし、エネルギーという側面をいたずらに強調するべきではない。生産における機械の利用や、輸送手段の機械化等も含めたものとして理解するべきである。

産業主義は、モダニティの制度的次元として、A・コント以来の社会学において、つねに重視されてきた。とりわけ1950年代から1960年代にかけてのアメリカにおいて、産業社会論として、マルクス主義的な資本主義社会論、そして史的唯物論的な社会変動論へのアンチテーゼとして台頭した。

産業主義を強調する人々の議論の特徴は、社会変動の見方として進歩の観念

との深い結びつきを有していること，テクノロジーを重視して，産業主義の普遍性を強調すること，にある。とりわけ，産業社会論は，未来へのオプティミズムにみちた進歩史観であり，それに対して，痛烈な批判が浴びせられた。

　資本主義も，産業主義も，近代社会を構成するきわめて重要な制度的次元ではある。しかし，両者はその特質を異にしていることが認められなければならない。一方を，他方に包摂してしまうことはできない。だが，それだけではない。繰り返すが，モダニティは制度のレベルにおいて多次元的なのである。
　資本主義の発展には，国民国家の成立が不可欠だった。というのも，資本主義の拡張のために，強力な軍事力を必要としたからである。資本主義，産業主義，国民国家は，手を取り合って近代社会を作り上げていったのである。国民国家とは，明確にされた領土のもとに，行政府が主権権力を確立したものであり，近代において成立したものである。こうした国民国家を支えている制度的次元が，監視と軍事力である。

③ 監　視

　近代の国民国家において，はじめて一元的な統治というものが成立したのであるが，それを可能にしたものは何であったのか。それこそが，「監視」能力に他ならない。監視とは，人々や集団の活動を監督することであるが，それは「情報開示の条件を戦略的に管理すること」によってなされる。つまり，「人々を管理する目的で情報をコード化すること」である（Giddens 1985＝1999：23）。監視は，のちに言及するような，近代社会における社会統合からシステム統合への移行に深く関わる。集団や組織が拡大し，見知らぬ人との関わりが増大する。その人々を管理するためには，その人々についての情報の収集が必要になる。そしてそれは，そうした情報を収集し，検索する技術が開発されたことによって，可能になった。要するに，近代の国家による住民の管理の必要性が，監視という制度の大きな推進力になったのだ。そして，労働現場とか，教育の場で

第 10 章 「新しいモダニティ」の条件　191

あるとか，いまやいたるところに監視の目が光っている。

④ 軍事力

　最後に，軍事力の存在を指摘しなければならない。20 世紀は，とりもなおさず〈戦争と殺戮の世紀〉であった。実に多くの命が戦争によって奪われた。こうしたことを考慮するならば，軍事力というものがきわめて重要な制度的次元をなしていることがただちに理解されよう。資本主義の拡張的特性が，国家を外の世界に向かわせ，国家間に軋轢が生じ，戦争が引き起こされる。そして，大量殺戮にみられるような，すさまじい破壊力をもつように仕向けたのは，軍事の産業化である。また，大量殺戮の合理化は，ホロコーストをもたらした。確かに，ソビエト連邦の崩壊により，東西冷戦は終わりを告げた。しかし，核兵器が地球上からなくなったわけではなく，むしろ核兵器の開発を進めている国は増えている，といわれる。わたしたちは，いまだに核の脅威から逃れられないでいる。あまり気づかないようではあるが，軍事力がわたしたちの社会を規制する部分は大きいのである。

(3) モダニティのダイナミズム

　では，モダニティのダイナミズムは，いかにして生み出されたのか。その源泉は何か。これをめぐって，議論が分かれることになる。多くの論者によって，モダニティの構成要素について，さまざまに考えられてきた。いくつか列挙してみると，〈産業化〉〈都市化〉〈商品化〉〈合理化〉〈官僚制化〉〈民主化〉〈世俗化〉〈分化〉〈個人化〉などがある。とりわけ，マルクス，M・ウェーバー，É・デュルケームのモダニティに関する分析は，修正する必要があるとはいえ，いまなお重要である。

　マルクスにとっては，〈商品化〉こそが，モダニティの本質であった。商品とは，利潤を得るために作られた生産物のことである。もちろん，近代以前にも商品は存在していた。しかし，近代以前の社会では，きわめて狭い領域で，自給自足の生活が営まれていたので，商品化が全面的に展開されることはなかっ

た。モダニティにおいては，資本（たとえば，土地）や労働力までもが商品化されたところが，決定的に重要である。それは，あらゆる領域に，資本主義的な社会関係が浸透することを意味するからである。労働者は，生計を維持するために，強制によるのではなく，自ら進んで資本に対して従属しなければならない。労働力が商品になるということによって，資本家と労働者の関係からなる階級システムが形作られるのである。また，商品化が進められると，貨幣を媒介として用いるがゆえに，見知らぬ人と物財を交換することが急速に広まった。つまり，貨幣を媒介とすることによって，自分の生産したものを欲しており，かつ自分が欲しているものを有している相手を直接見つける必要なく，交換することが可能となったのである。こうして欲望が肥大し，利潤を求めた際限のない運動が始まる。

ウェーバーがモダニティの本質として考えたのは，〈合理化〉であった。世界は脱魔術化され，伝統がその威信を失う。その代わりとなるのは，科学である。合理化は，資本主義，官僚制などの出現とも深く関連している。人々は，目的を達成するために，一貫性を持ち，計算し，計画を立て，効率を重んじて行為する性向を身につける。だがあらゆる領域に合理性の論理が貫徹するために，確固とした基盤が失われ，社会はかえって不安定さを帯びてゆく。

合理化はまた，さまざまな社会的領域の〈分化〉を推し進める（Tucker 1998：128-129）。かつては宗教に包摂されていた国家や経済がそれから分化し，さらに国家と経済が分離するようになる。おのおのの領域は，それ自身の内的論理と評価の基準を発展させる。これらのさまざまな領域において専門化が進行し，その領域を担う，高度な知識や技術を有した〈専門家〉が登場するようになる。

こうした分化をとりわけ強調したのが，デュルケームである。そのような考え方は，コントやH・スペンサーを引き継いだものであり，のちに，T・パーソンズをはじめとした機能主義者に引き継がれることになる。分化とは，社会的な機能が分化し，さまざまな領域の自律化が進められると同時に，それらの間

の相互依存性が強まることを意味する。部分ごとに自己完結するのではなく，他の部分の存在が不可欠であるがゆえに，むしろより強固な統合が生み出される。環境によりよく適応するために，分化によって，機能的合理化が進められること，これがモダニティのダイナミズムを生み出すのである。

3. 新しいモダニティ

近年の社会の大きな変容を前にして，一部の人々は，ポスト・モダニティへの移行を声高に唱えている。それに対して，モダニティは終わったのではなく，「新しいモダニティ」が出現したのだ，と論じる人々がいる（Beck 1986; Giddens 1990; Beck, Giddens, Lash 1994）。新たなモダニティの出現は，かれらによって，「再帰的近代化（reflexive modernization）」と表現される。近代社会は，単純な近代化の段階をへて，いまや再帰的近代化の段階に突入している，というのである。単純な近代化は，部分的にのみ近代であって，封建制の特徴が残存していた。十全な近代化を達成するためには，全面的に再帰的になる近代化なしには不可能である。再帰的近代化とは，モダニティの原理がそれ自身に適用されること，すなわちモダニティが徹底化されることを意味する。したがって，「徹底化されたモダニティ」あるいは「ハイ・モダニティ」という言い方がなされたりもする（Giddens 1990; 1991）。

かりに，新しいモダニティの出現という見解が妥当であると認められるならば，古いモダニティと新たなモダニティには，どんな連続性があり，どこに違いがあるのか。かれらは，マルクス，デュルケーム，ウェーバーらの見解に限界を見てとり，それを乗り越えなければならないと考える。新たなモダニティをも射程におさめた，モダニティの分析とは，いかなるものであるのか。

(1) 社会の統合と再帰性

近代以前の伝統社会では，たいていの人々は，ごく限られた領域で，ある程

度親密な関係にある人々とのやりとりのみで，生活していた。遠くで起きた出来事に影響されるようなこともなかった。しかし，近代社会においてはそうではない。たとえば，日常的に携帯電話で会話したり，電子メールで遠く離れた人や，会ったこともない人とさえ，やりとりしたりしている。街に出れば，多くの人がいるが，見知らぬ人ばかりである。そこで何かをしようとすれば，そうした見知らぬ人と接触しないわけにはいかない。考えてみれば，どんな人なのかわからない他人と，なんらかのやりとりが可能であるということは，不思議なことだ。なぜ，そして，いかにして，そうしたことが生じたのだろうか。

　伝統社会から近代社会への移行において，〈社会統合〉と〈システム統合〉が明確に分化する[2]。社会統合とは，同じ場所に居合わせている人同士のやりとり，すなわち対面的な相互行為から生じる結びつきのことである。それに対して，システム統合は，時間的・空間的に不在な人々の間や，諸集合体間の結びつきを意味する（Giddens 1984 : 28）。たとえば，わたしたちがコーヒーを飲むとき，コーヒーの消費者であるわたしたちと，遠く離れた国でコーヒーを生産している人々とが結びつく。そうしたことが可能であるのは，グローバルな経済秩序が成立しているからであり，わたしたちの消費行動や生産活動によって，そうした経済秩序が再生産されている。つまり，システム統合においては，主として，制度のレベルが問題となる。

　社会統合において重要な働きをするのは，人間行為のレベルにおける再帰性である。わたしたちは，何かを意図して行為する。その結果は，意図どおりのこともあれば，そうでないこともあるだろう。たとえば，ある人に対して働きかける。相手の反応から，自分の働きかけがうまくいったか，いかないかを見定める。うまくいけば，もちろんいいだろう。しかし，そうでなければ，直ちになんらかの修正に動き出すはずである。要するに，再帰性とは，行為主体が自らや他者の行為の結果について注意を払い，計算し，評価したうえで，新たな知識を利用して，再帰的に活動の継続的過程に結びつけていくことである（Giddens 1990＝1993 : 53）。

対面的相互行為において重要なのは，行為主体が同じ時間に，同じ場所に共在するということである。相互行為をなす行為主体は，お互いにその行動を評価しあいながら関係を取り結ぶように状況づけられる。それゆえに，共在の状況においては時間的・空間的なずれがないので，他者に対してより影響を及ぼし易くなり，そうした状況を多少なりともコントロールすることが可能である。

ところで，システム統合においてはどうか。不在の他者との相互行為の場合には，時間と空間において隔てられているがゆえに，意図せざる結果が生じる可能性が大きくなるだろう。すると，それへの対処は困難なものとなろう。では，そのとき，統合はいかにして果たされるのか。システム統合においては，社会統合とは異なった調整メカニズムが作動しているはずである。

近代社会においては，社会システムの組織化に関して，再帰的自己規制という様式が登場する（Giddens 1977＝1986：48）。再帰性の制度化である。再帰的自己規制的なシステムの特徴は，意図的に調整や制御を行うことである。システムを組織化する活動の結果として，システムの状況に関する新たな知識や情報がもたらされる。そうした知識や情報を再帰的に組み込み，望ましい方向に向けてシステムに意図的に介入することによって調整や制御を行い，新たにシステムを組織化するのである。たとえば，社会学などは，まさしく近代社会に関する知識であるから，モダニティにおける制度的再帰性の本来的要素である，と考えることができる（Giddens 1991：2）。

これまでの論述で，明らかであろう。社会統合とシステム統合の分化が明確になったモダニティを分析する上で，鍵概念となったのは，「再帰性」(reflexivity) である。再帰性は，人間行為の本来的な特徴である。しかし，モダニティにおいては，あらゆる領域に再帰性が浸透し，そうした制度的再帰性という歴史的事象が生じるのである（Giddens 1991：35）。

しかし，制度的再帰性の発展は，社会の十全なコントロールを可能にするものではない。むしろ，不確実性が増大し，リスクは高まるのである。近代理性

は，徹底した〈懐疑〉から始まっていることを思い起こさなければならない。それは終わりのない過程であり，あらゆるものが，新たな知識に基づいて，絶えず修正されることになる。その意味で，つねに変動が引き起こされるということは，容易に理解できるだろう。

(2) 時間と空間の分離，離床化と抽象的システム

ところで，そもそも社会統合とシステム統合の分化が生じたのはなぜだろうか。まず，時間と空間が分離されるようになったことに注目しなければならない。伝統社会においては，時間と空間は結びついていた。ある活動というものは，ある特定の時間に，ある特定の空間で，行われる。時間も空間も社会に埋め込まれ，具体的な意味内容を帯びていた。しかし，近代社会では，異なった時間，異なった空間において，幅広く，多様な社会関係が取り結ばれる。それは，時間や空間が抽象化され，内容をもたない形式となることによって可能になる。機械時計の普及や太陽暦の採用によって標準化された時間が出現する。また，世界地図が空間を標準化する。そのようにして，空間と時間の結びつきが切断される。分離された時間と空間は，コミュニケーションと輸送の新しい手段が出現したことによって，これまでにないやり方で再結合される。とりわけ，ローカルなものとグローバルなものの結びつきが可能にされた点が重要である。

こうした時間と空間の分離は，「離床化」(disembedding) の過程を導く。離床化とは，日常生活の直接性，すなわち具体的で特殊な文脈から，より抽象的なものに社会関係を隔てることを意味する (Giddens 1990＝1993：35－36)。そうして抽象化された社会関係は，時間と空間の広がりにおいて，存在することができるようになる。たとえば，経済のような制度も，前近代社会においては，社会の中に埋め込まれていた。近代社会に至って，市場が成立し，広範囲にわたって経済的なやりとりをすることが可能になる。つまり，特定の社会状況から離床化されることによって，はじめて自律した領域となったのである (Polany 1957)。

　離床化とは，時間と空間が分離され，社会の時間的空間的な範囲が拡大したときに，諸活動をつなぎ合わせるためのメカニズムである。伝統社会から近代社会への移行において，社会は格段に複雑になる。複雑な社会においては，多様な状況が生み出される。わたしたちは，そうした状況に対応していかなければならない。したがって，人々の実際の活動といったものは具体的なものであるが，その活動にはどんな状況にでも応用可能な形式的で抽象的な枠組みが必要とされる。それらは，具体的なものから離脱し，形式化・抽象化されたものであるがゆえに，「抽象的システム」と呼ぶことができるだろう。

　こうした抽象的システムとして，二つのものを指摘することができる(Giddens 1990＝1993：36-44)。ひとつは，「象徴的なメディア」である[3]。それは，特定の個人や集団に限定されることなく，いつでも，どこでも，そしてどんな人や集団にとっても通用することができる交換の媒体のことである。もっとも典型的なものが，貨幣であろう。

　もうひとつは，「専門家システム」である。専門家システムとは，「科学技術上の成果や職業上の専門家知識の体系」を意味する (Giddens 1990＝1993：42)。たとえば，わたしたちは，病気になったり，けがをしたりすれば，病院に行く。そのとき，診察するのは，まったく見知らぬ他人であり，しかもあの医師だったり，この医師だったりする。しかし，そのことに抵抗は感じない，とりあえず医師であることが認められさえすれば。専門家システムが，医師と患者という形で，社会関係を成り立たしめるからである。あの医師でも，この医師でも構わないのは，専門家知識自体が重要であって，それに関わるのが誰であろうと構わないからである。

　わたしたちのまわりには，さまざまなコトがあり，さまざまなモノがあふれているが，そうしたことすべてに，専門家システムの知識が関わっている。もはや，それなくして生活していくことができないことは，ただちに理解されよう。専門家によって生み出される情報は，もはや専門家集団によって独占され

るものではなく，その気になりさえすれば，素人でも，専門的知識を習得することが可能であり，したがって，専門家システムに対する批判が可能である。そうした批判が，専門家知識をさらに前進させる。

(3) 信頼とリスク

ところで，こうした抽象的システムは，何によって可能となっているのだろうか。わたしたちは，単なる紙切れにすぎないかもしれないものを貨幣として使用し，どのようにして空を飛ぶことができるのかよく理解していない飛行機に乗って，遠く離れたところに旅する。そして，述べたように，医師というだけで，見ず知らずの他人に，自分の体にメスを入れることさえ許す。わたしたちが，普通にそうすることができるのは，貨幣を使ってモノを買うことができるし，なぜかは理解していなくとも飛行機は空を飛ぶものだし，医師は治療を施してくれる，と信じているからである。つまり，抽象的システムを「信頼」しているからである（Giddens 1990; Luhmann 1968）。時間と空間の拡大，そして抽象的で非人格化されたシステムが形成されたこと，これが信頼を必要とするのである。

信頼には，二種類のものがある。抽象的な専門家システムにおける信頼と，個人関係における信頼である。伝統社会において，信頼は人びとの間のものであったとするならば，モダニティにおいては，抽象的システムに対する信頼が優位になる。では，抽象的システムに対する信頼とはいかなるものであるのか。それは，「自分が不案内な原理の正しさを信ずることに基づくものであり，相手の『道徳的高潔さ』（誠意）を信じることに基づくものではない」（Giddens 1990＝1993：50）。つまり，よく理解していないけれども，抽象的システムが有効に作動しており，それを利用することが利便をもたらすがゆえに，信じるということである。信頼は，十分な知識が適用可能でないときに必要とされるからだ。もちろん，そうした意味で，抽象的システムに対する信頼は，信仰に近いものとなる。なぜならば，信じるに足る根拠を確認できない，あるいはしないにも

かわらず，信じるというのだから。むろん，信頼しなければ，抽象的システムを利用できないのであり，信頼しなければならない状況に，そもそも置かれているのだ。そして，信頼するからこそ，そうしたシステムが維持される。わたしたちは，当たり前のように受け入れているが，自分たちがやるコトや使うモノについて，よく理解していないなどということは，伝統社会においてはなかったことだ。

しかし，抽象的システムに対する信頼がこのようなものであるとするならば，わたしたちは，きわめて危ういところに身をおいているといわざるをえない。抽象的システムを信頼せずには生活していくことが困難であるのだが，そうした信頼が打ち破られる事態，すなわち抽象的システムの不全に起因するきわめて危険な出来事が生じる可能性があるからである。

新しいモダニティは，とりもなおさず「リスク社会」である，といわれる (Beck 1986; Giddens 1990)。では，リスク社会とは何か。そして，リスク社会におけるリスクとは，どのようなものであるのか。リスク社会とは，リスクが日常生活のいたるところまでに拡散し，わたしたちが生活を営み，行為するときに，リスクのことを考慮せざるを得ないような社会のことである。伝統社会において，リスクは，飢饉や流行病のような自然からもたらされるものであった。したがって，それらは「外在的リスク」ということができるだろう。近代社会においては，リスクは，人間が自然や社会に介入したことによって作り出されたものである。それを，「製造されたリスク」と呼ぶことができる (Giddens 1994b : 4)。

自然や社会についての，わたしたちの知識の累積が，こうしたモダニティにおけるリスクをもたらした。すなわち，リスクは，モダニティの再帰性によって脱伝統化された世界の不確実性と偶然性から広まる (Beck 1986; Giddens 1990; Luhmann 1990)。不確実性を増大させたのは，専門家システムであり，とりわけ科学である。そもそも科学は，予見することをその目的とするものであり，確実性を増大させることができるはずであった。しかし，実際には完全な

予見は不可能であったし,むしろ不確実性を増大させた。それは,「製造された不確実性」と呼ばれる (Giddens 1994b：4)。モダニティにおいては,こうした製造された不確実性が,わたしたちの生活のあらゆる領域に侵入してくる。近代以前の社会よりも,リスクに満ちているのではない。そうではなくて,そうした形で,リスクの源泉が変わったのである (Giddens 1994b：78)。

　厄介であるのは,こうしたリスクが,科学的な知識の蓄積によっては,対処することができないことである。にもかかわらず,リスクを知覚するため,あるいはリスクを解消するために,科学への依存度は高まらざるをえない。そこにおいて,科学の合理性と社会の合理性の矛盾が激しくなる (Beck 1986)。モダニティにおける社会システムそれ自身がそうであるように,科学の進展とともに科学それ自体も再帰的なものとなり,科学それ自身の根拠が問われることになる。一般の人々のリスクに対する認識が高まり,専門家知識の限界に気づくようになる。こういう事態に対し,科学は自らを守るために,それへの信頼を強制するようになる。そして,リスクにかかわる全体像を専門家が十分に認識していないと,専門家知識という理念そのものが崩壊する可能性が生み出される (Giddens 1990＝1993：162−163)。たとえば,しばしば繰り返される,原子力発電に関わる事故隠蔽を思い浮かべればよい。もはや,原子力発電の安全性を,そしてその必要性を,わたしたちは受け入れることができるだろうか。

　深刻な生態系の状態,抑制することが困難な人口爆発など,全地球規模での破局の可能性が存在する。核戦争など,起こってしまえば取り返しがつかない。グローバリゼーションの進行したモダニティにおけるリスクとは,そうしたものである。むろん,そうした可能性が実際にどの程度のものであるのかは,誰にもわからない。わたしたちが,いま,すべての人の生命を脅かすような要因とともに生きていかなければならないという条件のもとにあること,それはおそらくつぎのような帰結をもたらすだろう。すなわち,もはや進歩の観念を信じられなくなり,ふたたび「運命の女神」という意識,すなわち「自分とはかけ離れた出来事であり,そんなに大変なことにはならないだろう」といった漠

然とした信頼感にすがりだす（Beck 1986; Giddens 1990）。それは，わたしたちをさらなる窮地に追い込むことにしかならないのではないか。

4. ポスト伝統社会としてのモダニティ

(1) ポスト伝統社会とは

　近代社会は，つねに伝統社会との対比において考察されてきた。伝統社会とは，その名のとおり，「伝統」を重んじる社会のことである。伝統は，記憶や儀礼に結びついており，人々の行為を導く感情的かつ道徳的な力を有する。伝統の真理は，「守護者」によって保全管理されており，普通の人々によって疑われることはない（Giddens 1994a＝1997：119－124）。

　啓蒙思想の登場は，そうした様相を一変させた。いかなるものをも疑うその懐疑の精神により，あらゆる種類の伝統を不安定にした。けれども，近代社会において伝統は消失したのではない。依然として，伝統の影響は強いままであった。それはモダニティの発展の初期段階で，社会秩序を強化するのに重要な役割を果たしさえしたのである。伝統は，それまでのものを作り変えられたり，あるいは新たに作り変えられたりしたのである。そして，いまや，わたしたちは，「ポスト伝統秩序」のもとに生きている（Giddens 1994a）。伝統は，かつて，説明不要のものであった。しかし，再帰性が制度化された社会においては，伝統はそれ自身を説明し，疑念に対して開かれていなければならない。つまり，伝統が伝統として尊重される理由や正統性を提供しなければならないのである。

(2) 個人化

　このようなポスト伝統社会に生きているということは，わたしたちにとって，どのようなことを意味するのであろうか。ポスト伝統社会においては，諸個人は伝統から解き放たれる。すなわち，ますます自由を獲得することを意味

する。しかし、〈個人化〉とは、単に個人の自由の拡大を意味するものではない。諸個人はもはや伝統に依存することができず、ルーティン的な行為さえも、新しい情報によって徹底して見直される。つまり、脱伝統化した社会において、人々は自らの生活状況に関わるあらゆる種類の情報を吟味したうえで、行為しなければならないのである。以前にはする必要のなかった彼らの生活における意思決定を行うことを強いられる。あらゆることが、自分自身の選択にゆだねられるのである。そうであるがゆえに、それはきわめてリスクの高いものとなる。ポスト伝統社会に生きるわたしたちは、自分が何ものであるのかを示してくれる伝統という支えを失ったがゆえに、自らを再帰的に作り上げていかなければならない存在となったのである (Beck 1986; Giddens 1991; Melucci 1989)。

　自分で選択できるということは、望ましいことであるが、問題を含むものでもある。なぜならば、個人化は、伝統が提供していた「安住の地の喪失」をも意味するからである (Berger et al. 1973)。「モダニティの、自我に働く再帰性に由来する人格的『意味の喪失』の恐れ」があるのだ (Giddens 1990＝1993：129)。〈自由〉という言葉は、つねに肯定的な意味合いを帯びている。自由を否定する人はあまりいないし、人が自由を求めることはあたりまえのことだと思われてきた。現に、人間がより多くの自由を求めてきた結果として、現在のような社会があるのであろう。しかし、自由であることはまた、わたしたちにとってきついことでもある。なぜならば、自らに降りかかることが、偶然にもたらされたものとは言いきれなくなってしまうからである。自分が選択したことであるならば、その帰結がいかなるものであろうとも甘受しなければならない。ときとして、耐えがたい不幸が突如として訪れるかもしれない。にもかかわらず、それが自分の行為の帰結だとしたら…。どこにも逃れようがなくなってしまう。しかも、実際には、いくら考えようとも、最適な行為など選択できないにもかかわらず…。わたしたちは、そういう時代に生きているようだ。

(3) グローバリゼーション

　ここで，近年のもっとも重要な変動である〈グローバリゼーション〉について整理しよう。モダニティは，当初から拡散する傾向を有していた。そして，いまや，それは世界を覆い尽くしたといっても言い過ぎではないだろう。モダニティとグローバリゼーションの関係については，モダニティの帰結としてグローバリゼーションが生じたとする説と，グローバリゼーションがモダニティに先行したとする意見に分かれている[4]。そうした議論に，ここでは立ち入らないが，いずれにしても，モダニティとグローバリゼーションの関係は本質的なものである。

　では，グローバリゼーションは，いかに定義することができるだろうか。簡単にいってしまえば，世界中にまで及ぶ範囲で，さまざまな人々，集団，地域，国家の間で，相互依存性が増大することである。グローバリゼーションは，マクロな現象だけに関わるものではない。社会的経験のローカルな文脈，そしてパーソナルな文脈の変容にさえ関わる（Giddens 1990＝1993：84-85）。ローカルな出来事がグローバルな事象に影響するし，逆もまた真である，ということこそが重要である。

　グローバリゼーションについて考えるとき，往々にして，経済に関心が集中しがちである。しかし，さまざまな側面を問題にしなければならない（Hirsch 1998）。まず，グローバリゼーションを可能にした技術的側面を確認する必要がある。瞬時のグローバル・コミュニケーションを可能にしたメディアの発展と，大量輸送の手段の確立である。

　そうした技術に支えられて，グローバリゼーションを推し進めたのは，なんといっても経済である。すでにマルクスは資本主義経済の拡張的性格を見抜いていた。そして，いま，世界中から商品が集められ，金融やサービスも国際化されている。また，生産の国際的分業もすすんでいる。

　政治的側面からみれば，グローバリゼーションは，東西冷戦の終結と深く関連している。とりわけ，その軍事力を背景として，アメリカが唯一の超大国と

して君臨することになったことには大きな意味がある。たとえば，わが国において，国際化に代わって，グローバリゼーションという用語が頻繁に用いられるようになったのも，その頃からであることを思い起こせばよい。さらに，文化的側面を忘れてはならないだろう。東欧・ロシアでの変革が生じて以来，自由主義の勝利による「イデオロギーの終焉」が主張される[5]。「コーラを飲み，ハンバーガーを食べながら，アメリカ発の映画を観，音楽を聴く」，といったことに象徴されるようなライフ・スタイルが世界のいたるところに広まった。

グローバリゼーションは，単一の過程ではなく複合的な過程の混合物として理解するべきである (Giddens 1994b : 5)。したがって，それは，さまざまな矛盾やコンフリクトが渦巻いて進行していく過程なのである。ともあれ，こうしたグローバリゼーションによって，いまようやく，「ひとつの世界」という言葉を受け入れられるような状況が生み出されたのである。

5. モダニティを生きる

現在までの社会学の成果にもとづいて，モダニティの把握を試みてきた。モダニティの条件のもとにあるわたしたちの生は，きわめて〈リスク〉に満ちたものである。そうしてみると，モダニティは，わたしたちにとって「陰鬱な側面」をもつものでもあることがわかる。マルクスやデュルケームよりもはるかにペシミスティックな見方をしていたとされるウェーバーは，合理性の「鉄の檻」によってモダニティを表現した。モダニティは組織を非人間化し，人間を疎外するようになる，と。それに対して，ギデンズは，暴走する「超大型トラック」にたとえる (Giddens 1990＝1993 : 173−174)。つまり，モダニティは，巨大な破壊力を持った制御不可能なもの，というわけだ。しかし，わたしたちは，そうした超大型トラックに乗せられ，ただ黙ってそれが暴走するにまかせるほかないのだろうか。

モダニティを制御することは不可能だという現実は，見据えなければならな

い。しかし、わたしたちは、それに対してまったく関与することができないわけではない。繰り返すが、わたしたちの日常的なふるまいは、ローカルな場面だけではなく、グローバルな事象にも影響を与えることができる。人間は、社会を作ることはできない。しかし、人間のいない社会はありえない。人間は、社会を再生産し、あるいは作り変えているのである。つまり、わたしたちは思うようにではないにせよ、社会の構成に関与している。だから、わたしたちは理想を掲げ、その実現にむけて働きかけることができるはずである。「われわれは、代わるべき未来を心に思い描き、その未来像の喧伝をとおしてその実現を促進していくことができるかもしれない」(Giddens 1990＝1993：192)。

　以上のことが認められるならば、つぎには、いかに理想を獲得するか、が問題となる。そこでは、知識、あるいは文化が中心的な役割を演じる。社会諸科学において、「文化論的転回」ということがいわれ、〈文化〉の重要性が急速に見直されつつある（Ray and Sayer 1999）。しかし、他方でそれは、現代における文化の深刻な危機をも示しているのではないだろうか。わたしたちは、すでに、モダニティがなにゆえに、これほどまでのダイナミズムをはらんでいるのかをみてきた。モダニティは、つねに矛盾を抱えている。その矛盾を解消しようとする運動が、絶えず近代を突き動かしてきたのである。モダニティにおける根本的な矛盾とは、文化的理念と社会的現実とのあいだのそれである。「脱工業社会論」を唱えたアメリカの社会学者、ダニエル・ベルは、かつて、「それら〔文化と政治と技術—経済〕の領域は、それぞれ自律的なものであり、独自の変化法則を持っている。わたしの議論の一つの中心点は、西洋では文化が、社会変化を起こす力としてますます独立したものとなり、社会システムの矛盾の主要な原因となっていることである。…文化は、人々に理念や信仰を提供するものだから、社会に究極的な正当化を与えるものである」と述べた（Bell 1973＝1976：(上) 7)。文化の次元はきわめて重要であるが、明らかに実現不可能な理想を掲げても意味がないだろう。わたしたちは、望ましい社会変動を実現するために、現実的な対処をする必要がある[6]。つまり、文化的理念と社会的現実の

バランスをうまく取ろうとすることが、これまで以上に求められる。

　だが、そうだとして、いま、どのような価値が、わたしたちの理想の導きの糸になるだろうか。というのも、ポスト伝統的秩序においては、さまざまな価値が乱立した多元的状況にあり、普遍的な価値を見つけることが困難なように思えるからである。価値がないのではない。そうではなくて、さまざまな価値があるのであり、それぞれが認められなければならないとしたら、あらゆる人に受け入れられるような積極的な価値を見出すことが可能だろうか。

　しかしながら、むしろ、「ひとつの世界」が出現したいまこそ、わたしたちは普遍的な価値について語ることができるのではないか。ギデンズはいう。普遍的な「価値は、たぶん初めに、ハンス・ヨナスが『恐怖の発見的学習』と呼ぶものによって動かされる。われわれは、そうした価値を消極的徴候として、すなわち人間性がそれ自身のために作りだした集合的脅威のもとに発見する」(Giddens 1994b：20)。要するに、人類の存亡にかかわるようなものが、普遍的価値として浮上してくるということだ。たとえば、日本国憲法を思い起こせばよい。日本国憲法には、戦争の悲惨さの体験からの、平和への希求が刻み込まれているのである。それは単に一国の憲法というにとどまらない、世界史的理念、普遍的な価値なのである（柄谷・岩井　1990）。

6. モダニティに向き合う

　わたしたちは、いま、環境問題をはじめとして、多くの矛盾、きわめて深刻な問題を抱えている。まさしく人類の絶滅をもって、「歴史の終焉」を迎えなければならないのかもしれない。そうした困難な問題に立ち向かい、解決していくことができるだろうか。わたしたちは、いままでに手に入れた知識をうまく生かすことができていないのだろう。それどころか、おそらく、わたしたちは、わたしたち自身や社会について、そしてわたしたちを取り巻く自然について、多くを知っているようで、じつはまだ十分に知らないのだ。そのことにさえ、

気づいていないのかもしれない。わたしたちが未来に希望をもつためには，よりよく知るための努力を続けていくほかない，ということを確認したい。

注

1) http://www.unep.org/unep/eia/geo2000/pressrel/index.htm による。
2) 本論では，社会統合とシステム統合という概念を，ギデンズに従って用いている。しかし，それらの概念は，D・ロックウッドやJ・ハーバーマスも使用しており，しかも，かれらは，異なった意味を与えている。詳しくは，拙稿（田邊 1999）を参照のこと。
3) 論者によって，シンボリック・メディア（Parsons），コミュニケーション・メディア（Luhmann），象徴的トークン（Giddens），などと表現されるが，ほぼ同じことを意味している。
4) 前者の代表はギデンズであり，後者の意見はR・ロバートソンらによって表明される。橋本（1998）を参照のこと。
5) F・フクヤマは，その有名な論文「歴史の終わり？」において，資本主義と自由民主主義の勝利でもって歴史は終わったと宣言した（Fukuyama 1989）。
6) こうした態度のことを，ギデンズは，「ユートピアン・リアリズム」と呼ぶ。Giddens（1990）を参照のこと。

参考文献

Beck, Ulrich, 1986, *Risikogesellschaft*, Suhrkamp.（東廉・伊藤美登里訳，1998，『危険社会』法政大学出版局）

Beck, Ulrich, Anthony Giddens and Scott Lash, 1994, *Reflexive Modernization*, Polity Press.（松尾精文・小幡正敏・叶堂隆三訳，1997，『再帰的近代化』而立書房）

Bell, Daniel, 1976, *The Cultural Contradictions of Capitalism*, Basic Books.（林雄二郎訳，1976-77，『資本主義の文化的矛盾』(上)(中)(下) 講談社）

Berger, Peter L., Brigitte Berger and Hansfried Kellner, 1973, *The Homeless Mind*, Random House.（高山真知子・馬場伸也・馬場恭子訳，1977，『故郷喪失者たち』新曜社）

Crook, Stephen, Jan Pakulski and Malcolm Waters, 1992, *Postmodernization*, Sage.

Delanty, Gerard, 1999, *Social Theory in A Changing World—Conceptions of Modernity*, Polity Press.

Fukuyama, Francis, 1989, "The End of History?", *The National Interest*, 16：3−18.
Giddens, Anthony, 1977, *Studies in Social and Political Theory*, Hutchinson. (宮島喬ほか訳，1986,『社会理論の現代像』みすず書房)
Giddens, Anthony, 1985, *The Nation-State and Violence*, Polity Press. (松尾精文・小幡正敏訳，1999,『国民国家と暴力』而立書房)
Giddens, Anthony, 1990, *The Consequences of Modernity*, Polity Press. (松尾精文・小幡正敏訳，1993,『近代とはいかなる時代か？』而立書房)
Giddens, Anthony, 1991, Modernity and Self-Identity, Polity Press.
Giddens, Anthony, 1994a, "Living in a Post-Traditional Society", in Beck, Ulrich, Anthony Giddens and Scott Lash, *Reflexive Modernization*, Polity Press.
Giddens, Anthony, 1994b, *Beyond Left and Right*, Polity Press.
橋本和幸，1998,「いまひとつの近代社会を目指して」『社会環境研究』3：1−16.
Hirsh, Joachim, 1998, *Vom Sicherheitsstaat zum nationalen Wettbewerbsstaat*, ID Verlag. (古賀遑訳，1999,「グローバリゼーションとはなにか」『情況』第2期 9(10)：21−32.)
柄谷行人・岩井克人，1990,『終わりなき世界』太田出版.
Lash, Scot and John Urry, 1993, *Economies of Signs and Space*, Sage.
Luhmann, Niklas, 1968, *Vertrauen*, Ferdinand Enke Verlag. (野崎和義・土方透訳，1988,『信頼』未来社)
Luhmann, Niklas, 1991, *Soziologie des Risikos*, Walter de Gruyter.
Lupton, Deborah, 1999, *Risk*, Routledge.
Lyon, David, 1994, *Postmodernity*, Open University Press. (合庭惇訳，1996,『ポストモダニティ』せりか書房)
Melucci, Alberto, 1989, *Nomads of The Present*, Hutchinson. (山之内靖・貴堂嘉之・宮崎かすみ訳，1997,『現在に生きる遊牧民』岩波書店)
名部圭一，1994,「アンソニー・ギデンズの近代社会論—近代としてのポストモダン—」『ソシオロジ』38(3)：83−100.
名部圭一，1996,「システム統合における「信頼」の様相」『現代社会理論研究』6：1−11.
Polanyi, Karl, 1957, *The Great Transformation—The Political and Economic Origins of Our Time—*, Beacon Press. (吉沢英成・野口建彦・長尾史郎・杉村芳美訳，1975,『大転換—市場社会の形成と崩壊—』東洋経済新報社)
Robertson, Roland, 1992, *Globalization: Social Theory and Global Culture*, Sage. (阿部美哉訳，1997,『グローバリゼーション』東京大学出版会)

千石好郎編, 1993, 『モダンとポストモダン』法律文化社
田邊浩, 1999, 「社会統合とシステム統合・再考」『金沢大学文学部論集行動科学・哲学篇』19:35-60.
Tucker, Jr., Kenneth H., 1998, *Anthony Giddens and Modern Social Theory*, Sage.

第 11 章　社会の学問

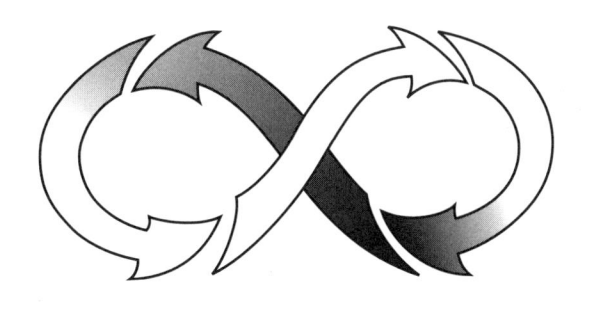

自己言及の無限ループ

「社会の学問」。奇妙なタイトルである。いったいなにを意味しているのだろうか。システム理論家ハインツ・フォン・フェルスターは，彼の理論の中に observing System という用語を用いている。これは，システムが観察する——観察主体としてのシステム——という意味と，システムを観察する——観察対象としてのシステム——という二重の意味をこの一言にもたせている表現である。

ここで「社会の学問」という言葉であらわしたい内容は，このことに少し似ている。すなわち，学問の対象としての社会という意味と，学問なるものは，この社会において展開され，また成立している学問の可能条件としての社会における学問という意味がこのタイトルでは含意されているからである。

およそ学問は，その対象がいかなるものであれ，この社会のなかで企図され，営まれている。その学問を司る学者ないし研究者と呼ばれる人間がこの社会に存し，そのなかで活動を展開しているからである。もっとも社会のなかで自然について語り，社会のなかで精神を論ずるといった学問は「社会」のなかで展開されていることをことさらに意識しなくとも，とりあえず問題がないかもしれない。数学的真理についての議論の社会的背景について，とりたてて論じなくても，数学という学問の成立に危急の事態は生じない。愛と死のロマンについて議論するとき，その社会的意味を問わなくとも，それが十分かどうかは別にしても，とりあえずは可能である。

では，いわゆる社会科学はどうであろうか。社会科学は，社会について論ずる学問である。これらの学問にとって，社会は対象でもあり，まさに対象として問わなければ，学問そのものもありえない。くわえて，そこでは社会が学問の対象であると同時に，学問そのものを成り立たせる可能条件として存するのである。したがって，社会を対象とする以上，それはそれを対象とするという営みそのものの可能条件が対象となっていることを学問自身が知るべきである。

たしかに，考え方として，可能条件として社会と対象としての社会とが，同

様の「社会」として論ぜられるかどうか議論の余地のあるところであろう。しかし，こうした論点をさらに広げれば，これは人間が人間について語るという試みすべてに当てはまるものである。ひるがえって，人間が人間について議論する場合，主体としての人間と客体としての人間の同等性はどのように考えられるのであろうか。最近，対象としての「人間」に関して噴出しているさまざまな議論，たとえば遺伝子操作，脳死，安楽死というものは，実はこの主体としての人間と客体としての人間の同等性に関する議論をないがしろにした結果ではなかろうか。あるいは，大脳生理学は，脳について脳で考えているという事実をどのように説明するのだろうか。これも同様の事態である。

　社会において社会について語る，という学問的スタンスは，こうした問題に真っ向うから立ち向かう。このことは，それをおこなう学問にいったいどのような意味をもたらすのだろうか。まず，このような学問的スタンスが要求されることとなった学問的背景をたどりながら，その意味に接近していこう。

1. 対象把握の不可能性

　「社会」なるものを対象とする学問が登場してきたとき，かかる学問の先達たちは，いかにしてその学問を「科学」として成り立たせるかという点に腐心してきた。そこでいう「科学」とは，すでに学問体系として成立を見ていた「自然科学」を意味している。たとえば，「社会有機体説」（コント），「社会進化論」（スペンサー），「自然史的過程」（マルクス）あるいは「目的論的関連の因果関係への組み替え」（ヴェーバー）といった社会（科）学上重要な概念が，自然科学からの援用であることは，その名称からも一目瞭然である。

　以上のことから，社会を対象とする学問は，その学問的自律において先行した自然科学の成果を後からフォローしてきたと主張しても，とりあえずは差し支えないであろう。もっとも，今日の社会諸科学の成果をもって，このように結論づけることはできないかもしれない。社会諸科学は，その歴史的展開の中

で独自の論理と対象領域をもって確実に発展してきたからである。にもかかわらず，以下の考察では，近年の自然科学の到達した境位を概観し，それを社会を対象とする学問の基礎づけとして考察することから始めたい。この作業を経ることで，自然科学と社会科学との両領域をまたがる共通の理論的問題が，「社会」という視点のもとで，あらたな意味をもってくると考えられるからである。

まず「科学」を想起させる学問のイメージを考えて欲しい。ここでは，とりもなおさず「自然科学」のことである。その際，科学とは，データを収集し，規則性を発見し，さらにそこから法則の定立する帰納プロセス，法則から個別観察命題を演繹し，その演繹された命題を実証するというプロセスを経て発展するもの，と理解されてきた。以下，これを古典的科学観と呼ぼう。この古典的科学観のもとで，自然科学は（他の諸科学とは異なって）事実にのみ基づいており，かつその事実は，人間の側のいっさいの営為とは無関係に切り離された「客観性」をもつ，ということがイメージされている。こうした理解のもと，「科学的真理」は「絶対的真理」と考えられていた。

しかし，20世紀の初頭に起きた自然科学に端を発する一連の学問上の展開は，このような「真理」概念を根底から揺さぶることになった。いわゆる「科学の危機」と呼ばれるものである。

ここでは，物理学における科学の危機を挙げよう。物理学ではハイゼンベルクが，実験によって測定される内容が実験装置と相関的であるとし，実験結果が観察者である人間の身体・構造・大きさと相関することを明らかにした——「不確定性原理（uncertainty principle）」。また，ボーアによれば，閉じた系の時間的発展において成立する因果性そのものを記述するために行なう観測行為は，その系に加わる因子となり，その因果性が成立しなくなるという——「相補性原理（complementarity principle）」。さらに，ボーアの概念を機軸に世界の著名な物理学者が展開した量子力学解釈（「コペンハーゲン解釈」）においては，その確固たる統一見解があるかどうかは別にしても，「観測による波束の収

縮」が一つの中心的な問題となった。それは，ミクロな時空的記述の目的での観測において，ある確率をもって定まった値が獲得されるというものである。すなわち従来不確定であったものが観測行為によっていずれかの値に確定されるという。これについてフォン・ノイマンは，この波束の収縮が主観の介入によって引き起こされざるをえないことを指摘した。

このことから明らかなように，自然科学における，このような一連の指摘は，従来の古典的科学観に大きな変更を迫ることとなった。すなわち「観察」そのものの危うさがここに確認されたのである。だれが見ても同じものとして見えるということの不可能性，また対象そのものを観察することの不可能性が明らかになった。もはや，直証的な実験あるいは観察の結果に基礎づけられた結果の体系を，科学と呼ぶことができなくなった。

もちろん一方で，このような「科学」に関する考察をいっさい「無用」とみなす科学者たちが存在する。実際にビルが建ち，飛行機が空を飛んでいるのに，どうしてこのような議論が必要なのかという見解である。しかし，科学の真の進歩は，まさにこうした基本概念の執拗なまでの問い直しを必要としている。例を挙げておこう。われわれが顕微鏡で微生物の生態を観察する場合，それを観察するために，われわれの視覚は適度な光を必要とし，それを対象である微生物にあて，その「観察」をもってその微生物の生態として判断する。そこでは，その光が微生物にとって，どのような刺激であるかは考慮されていない。微生物は，その光ゆえにのたうち回り，それをもってその生態とされているかもしれないからである。また，このような素朴な観察を所与とした社会の学問にわれわれが安住することは許されるだろうか。

有史以来，多くの人がみたであろう，リンゴの実の落下をもって，なぜニュートンだけが万有引力を発見したか，ということを考えても分かるように，われわれの学問は，観察という行為をもって，対象にたいして意味付与を行ってきたのである。観察において，対象の把握を主体から切り離して論ずることは，もはや不可能である。

2. （対象としての）全体の不可能性

　そもそも，われわれの学問は，世界の森羅万象を統一的な意味のもとに理解できるという前提のもとに営まれてきた。哲学史上欠かすことのできない感性と理性の二元論，主観/客観－図式という概念枠組みは，世界を全体として把握することを，また全体としての世界と人間との関わりを探求することをもくろんでいた。つまり，われわれは，世界を全体として問題にし，世界の究極の根拠を真・善・美あるいは自然や理性に見出してきた。そして，さらにそこから導出された秩序に，人間の生そのものを方向づけ，またそこにアイデンティティの根拠を見てとるという学問を展開してきたのである。

　このような世界理解のもとでは，絶対的な価値，あるいは永遠に妥当する真理といったものが前提とされていた。しかし，科学の危機は，前述したように古典的科学観におおいなる変更を促し，さらに科学観をはるかに超え，従来の世界理解に関する学問の在り方そのものをも変更するものだった。つまり，このような前提が，科学の危機によってことごとく打ち砕かれたのである。それは，いわゆる「存在論」に再考を要請し，同時に伝統的世界観を崩壊させるに至る。こうした理解のもとで，もはや，絶対的なるものに定位して，あるいはそれを指向して議論を進めることは困難になった。

　たとえば全体と部分に関する二つのアプローチがある。社会学理論の草創期から論ぜられる方法論的個人主義と方法論的全体主義の議論は，そのひとつのヴァリエーションである。すなわち，一方は全体を部分の集合とし，部分の属性の集積から全体を論じようとするものである。そこでは，全体なるものはたんなる名称にすぎないと理解されることから，唯名論と呼ばれる。それに対し，他方は，全体には部分の属性には還元しえない特性があるという理解から，実在論と呼ばれる。ここには，部分の総和が全体となるかどうか，また全体は諸部分に分割できるかどうかという根本的な問題がある。

しかし，この二つのアプローチは，たとえば色の合成を考えたとき，双方とも即座に挫折する。つまり，赤・黄・青という三原色を混ぜ合わすことによって，さまざまな色が合成されることはよく知られている。この三つを混ぜ合わせると黒になる。この三原色のいずれから黒が推定されれば，部分から全体が推定されることとなる。逆に黒からなにがしかの色が推定されれば，全体から部分が推定されることとなる。おそらく，どちらの推定も不可能であろう。部分と全体との関係をこのように素朴にとらえることはできない。

したがって，われわれはある「まとまり」というものにおいて，対象を総合的ないし分析的に把握することとなる。すなわち，ある「まとまり」（統合体＝統一体）を想定し，それを単位とする事態の解明である。たとえば，"ヒト"を相互作用している原子・分子・細胞・細胞組織・器官などから構成されている全体とし，それを統一体＝単位として。あるいは，社会を人間相互のコミュニケーション可能性によって成立する全体とし，それを統一体＝単位として。その際，なにをその「まとまり」として用いるかは，科学者あるいは科学集団そのものの特性に依存する。ここでいう「まとまり」とは，その量的および質的（すなわち意味論上の）差異双方を含んでいる。その特性は任意であり，それゆえ絶対的なものではない。したがって，それぞれの「把握」は，あくまでも選択（意味付与・解釈）の一可能性にすぎず，その結果，つねに選択したのとは別の他の可能性の存在というものが考えられることとなる。

以上から分かるように，「世界」そのものを把握しようとしたとき，だれもが共通に了解する客観的な意味からアプローチするということはもはや不可能である。なぜなら，つねに別様の意味というものの可能性が考えられるからである。逆にいえば，世界とは，先に述べたように，せいぜいそれぞれの「まとまり」を通してアプローチされうるものの総体として，想定されうるものということになる。もちろん，それが「総体」として現実化されることはない。無限加算の結果としての世界として推定が可能というのがせいぜいであろう。つまり，世界はそれぞれの「まとまり」を通して推定はされるものの，けっしてそ

の全貌が見渡されることはなく，したがって，そうした「まとまり」を通した記述を可能にする背景であり，それは記述可能性の総体である。つまり，世界は可能性の過剰なのであり，豊穣たる海である。もはや，世界全体がそのものとして対象化されることはない。絶対的なるものは相対的なるものに置き換えられ，学問も相対的な学問として成立する。もはや統一的な科学，普遍妥当的な真理などということを掲げること自体，非常にうさんくさいものと思われるようになった。かつて，ヘーゲルは「真理は全体である」といったが，もはや，「全体なるもの」をそのものとして語ること自体，不可能なのである。

3. （主体としての）自己同一性の不可能性

　デカルトに始まる近代は，主体としての「個人」を前提とした議論を基礎におく。個人（individual）とは，それ以上分けられない（divide できない）もののことを指す。すなわち，もっとも基本をなす基礎的な単位である。デカルトの場合，「疑っている自己の存在の確実性」について徹底的に問うことから始める。そこでは，すべてのものを疑うことはできる自分というものが問題にされ，しかし，疑っている自分の存在を疑うことのできないものとし，たとえ自己が存在するものであるかのように騙されているとしても騙されている「私」は確実に存在していると結論づけるのである。これが，直証的な確実性をもつとされる「われ思う，ゆえにわれ在り（cogito ergo sum）」という有名な第一原理である。以来，哲学はつねに「われ」（以下，《わたし》と記す），すなわち自己の同一性というものを，もっとも確実なるものとして議論の出発点におき，その歩みを展開してきた。しかし，それはどの程度「確実」なものなのだろうか。

1) まず，自分が自分であるということを《わたし》はどう認識するのであろうか。自己が自己について定義しようとすると，たちまち困難が生ずる。自己が，自己について，他者のけっしてもつことのない特徴をいかに数多く述べようと

も，それは自己の必要条件にしかすぎない。言い尽くされない自己の属性が依然として残ることとなろう。また，それらを概括するであろう一般的特徴を発見して，それを挙げようとも，その特徴を自己以外の他者が持ちえていないという確証は得られない。結局，自己の確認は，「他人でないところのもの」というのがせいぜいである。そこでつぎに，このような自己確認の根拠となる「他人」とはなにか，という問題が生ずる。この問いについても，同様な答え方しか可能ではない。すなわち，「自己ではない」ところのもの。したがって，《わたし》が何であるか，《わたし》は決定できないのである。

2) このようにして，せいぜい他律的にのみ可能であった自己確認は，その他律性ゆえに相互に交換可能となる。ここに，他人ではないものとしての《わたし》と，自分ではないものとしての他の《わたし》という想定の相互交換を行ない，さまざまな《わたし》というものを考えることができる。しかし，このようにして考えることが可能となった《わたし》というものは，本当の《わたし》であろうか。例を挙げよう。

そもそも，わたしの身体的特徴を《わたし》は，どうやって知ることができるだろうか。一般的には，鏡の前にたち，自分の姿をみる。しかし，そこに映っている姿が，他ならぬ自分の姿だということを，《わたし》はどうやって知るのか。このメカニズムも，さきに述べた他律的構造をもっている。すなわち，《わたし》は，他人の姿をこの眼で確認し，その姿が鏡のなかで（逆象であれ）実際の他人の姿と同様なものであることを知る。この鏡の機能を知った《わたし》は，その知識を自分の鏡像にも応用し，自分の姿をかくかくしかじかのものと推定するのである。

つまり，自己の像の確実性は，他人の像の確実性から類推されるものにすぎない，より不確実な現象である。確認する自己にとって，確認された自己は，他者よりも遠い存在である。もし，自己が他律的に規定されたならば，確認する自己（主体としての自己）と確認された自己（対象としての自己）という分裂を見た場合，どちらが《わたし》なのだろうか。

3) つぎに，他人の「痛み」をどうやって知ることができるのだろうか。かりにここに，大怪我をしている他人の手を想像してみよう。鉄の扉に指を挟まれ，肉がそげ落ち，骨が飛び出している「彼」の手は，明らかにだれの目にも痛そうである。しかし，確実に《わたし》は痛くない。彼が（正確には彼の《わたし》）が痛いかどうかは，彼以外のどの《わたし》にもわからない。つまり，せいぜい当事者一人を除けばだれも痛くない人間達の間で，「痛そう」という共通理解が成立する。それが「われわれ」の間に成立している「真理」である。われわれに交換可能な「真理」というものは，むしろ，このようにもっとも《わたし》から遠い不確実な体験によって基礎づけられているのである。

以上述べてきたことから問題は，どうやら《わたし》の位置という点に集約されるようだ。すなわち，自己をみる《わたし》は，どこから自己をみているのか。また，「他人」の痛みを感じる《わたし》は，どこにいるのか，という問題である。

ここで，理解されることは，そうした《わたし》の立場は，「特権化」されているということである。つまり，《わたし》の存在と位置とを隠すことで，上述した問題は，たくみにその困難さを回避しているのだ。すなわち，前述のように，自己が自己であることを確認する《わたし》の根拠を問わないことで，また，自己を確認する自己と，確認された自己との差異を《わたし》が問わないことで，《わたし》における確実性を問わないことで，それぞれ《わたし》の位置が，「自己」の問題とは異なったレベルに属すものとして，特権化されているのである。もっとも，こうした特権化は，われわれの社会においても，いくつも例を挙げることができる。たとえば，平等を宣言する特権的（非－平等な）人格，「万物は流転する」という自らは流転しない命題，また「意識」によって「無意識」を問題にする心理分析。このように，われわれの知は，自己の特権化を巧みに隠すことによって，有効とされるさまざまな議論を展開してきたのだ。

結局，こうして，《わたし》は，《わたし》をみることができないまま，また《わたし》が《わたし》であることを確認できないまま，この社会において生活を営んでいる。もはや，《わたし》は，議論の出発点になるようなものではなく，逆に議論の結果，推定されるものということになろう。もしそうであるならば，このことは，従来の意識哲学，主観性の哲学，同一性の哲学を転覆させるものである。

4. 同一性から差異性へ

以上，全体概念たる「世界」と，もっとも基礎的な単位と考えられる「自己同一性」それぞれの不可能性を考察してきた。では，いったいなにが可能なものとして考えられるのであろうか。そこで，これまでの推論の方向を大きく変更することにしよう。すなわち，「同一性」から「差異性」への変更である。

この変更は，徹底して差異から出発することを要求する。つまり，同一性から出発し，差異性へいたるというのではない。同一性から出発する場合，たとえば，Aがあり，Bがあり，それゆえA／B-差異が「ある」という思考プロセスとなるが，差異性から出発する場合，このA／Bの差異を示す「／」が基点となる。つまり，「／」ゆえに，AおよびBが，推定されるといえる。さらにいえば，A／Bというセットの存在もまた，その「存在」ではなく，[A／B]／Cというかたちで，「／」から推定される。このことはサーモスタットのバイメタルの例からも説明される。サーモスタットは，膨張率の異なる二つの金属を張り合わせ，その膨張率の違いゆえに温度に応じてスイッチの「入／切」を作動させるものである。この場合，その二つの金属のそれぞれが何であるかは問題とされない。つまりその金属の同一性が問われるのではない。問題は，その二つの金属の膨張率の「差異」である。この「差異」が，この（サーモスタットの）機能を働かせている。

また，紙に一本の線を引き，空と地とを分け，山の絵を描いたとする。その

一本の線は，空と地のどちらに属すのであろうか。どちらに属すのでも，あるいはどちらに属さないのでもなく，いずれにせよ一本の線が空と地との差異を作り出し，全体として山の絵となっている。どれが空でありどれが地であるかではなく，一本の線が山と空を描いている（差異化している）のである。このように同一性から差異性へ，出発点を変更するという議論のうちには，多くの可能性が秘められているといえるのではないか。

したがってここでは，「世界」を世界そのものとして，「自己」を自己そのものとして規定するのでなく，そうしたいっさいのものをすべて他との関係から規定するということが要点となる。ここでは，「世界」ないし「自己」は，その存在の観点から問題にされるのではなく，他との関係という観点から問題にされる。

まず，自己にとっての他者と，他者にとってのわたしが，同質なものであるという保証は，《わたし》にはいっさい存在しない。なぜなら，《わたし》にとって自己は，他者ではないからだ。しかし，他者と別の他者との関係，すなわち《わたし》にとっての第二者と第三者関係との関係を考えた場合，第二者にとっての第三者，第三者にとっての第二者という二つの関係は，《わたし》にとって相互に同質なものである。なぜなら，どちらも《わたし》にとって他者であることには変わりないからだ。この視点を逆にすれば，《わたし》は，他人から見て，第二者ないし第三者として，相互交換可能な関係項の中に置かれることとなる。つまり，《わたし》は，あくまでも，そしてつねに他者の一人にすぎない。ここまでくれば，もはや他者が他者自身の自己確認をどう行なうか，つまり，他者が一人の《わたし》として，彼自身の《わたし》をどう確認するかどうかは，問われない。《わたし》を問題にする必要はなく，ただ，どの《わたし》も，他者であるということだけの相互確認があるだけである。この論理からは，「《わたし》をみることのできない《わたし》」をみることはできない。

こうした「他者」としての《わたし》の想定は，自己の同一性という観点から見れば，受け入れがたいものであろう。また，さきに述べたように，従来の

意識哲学や同一性の哲学からすると，この立場は，あまりにもおおきな飛躍と理解されるであろう。「自己の確実性」に代わる議論がなされていないからだ。しかし，さきに述べたように，その確実性というものは非常に危うい。加えて，この想定の変更には大きな利点がある。すなわち，他との関係から出発する以上，もはや《わたし》や，ある「まとまり」としてのわれわれというものも単独で存在するものではなく，他との関係で規定されるところの関係項の問題であり，それ以上でもそれ以下でもない。《わたし》を「他者」として想定するということは，《われわれ》以外の他の《われわれ》が存在するという想定をも可能にし，こうした想定は，《われわれ》内部や外部にあって，他者として見られている別の《われわれ》が存在するという差異と連鎖を可能にする。

　この差異と連鎖のもっとも小さいものは一対一の相互行為という「まとまり」である。他方，もっとも大きい連鎖は，つぎのように考えられる。すなわち，さきに「世界」について考察したように，世界そのものを把握することはできず，ある任意の「まとまり」を通すことで，世界に接近することしか可能性がないということは，もはやあきらかである。したがって，もっとも大きい連鎖は記述可能性の総体という「まとまり」の一歩手前ということになる。このことは，逆にいえば，ここまで説明されてきた議論が，つねに他者との差異性から出発しているので，世界そのものについて，また主体そのものについて論じることができない，ということを意味する。世界および主体は，そのものとしてこうした理解の射程を逸脱している。つまり，伝統的な哲学が正面から問題にしてきたテーマである「世界」も「主体」も扱いえないものとなる。

　さらに，このように「（他との）関係」から出発することで，もはや個の集まりが全体であったり，全体の要素が個であったりするという考え方，あるいはまた，全体そのものとしての固有な特性といった視点そのものが破棄される。すべては，関係項の伸縮と関係の質の問題とその選択として，換言すればコミュニケーションの範囲とそれを可能とするメディアの種別の問題とその選択として，扱われることとなるのである。もちろん，選択したのとは別の可能性

の存在がつねに思念される。これは、以上の理論的変更をみたうえでの新たな学問の可能性を示唆しているといえよう。

5. 自己関係的な知

以上のように、全体連関をとらえようとする試みは、むしろ全体から拒絶されて、個別的なものの継起的な精緻化に依拠されることになる。つまり、全体をとらえようとして、ある選択的な意味づけを行うといった連続である。それをここでは「経験」と呼ぼう。ここで「経験」とは、関心をもった相関的な認識を意味する。そういった意味で、アンガージュマンなしには経験はない。それは、「認識（そのもの）」が根本的に取得できないというしかたで、つねに認識を延期する。最終的な認識というものはありえない。逆にいえば、認識の暫定性こそ認識の最終的な規定なのである。つまり、経験は、つねに諸々の先行経験を解釈する。どの経験も、先行の経験にたいする反省なのであり、それまでの経験知全体の転調である。それは、自らの道を自ら切り開く経験行為の修正行為といえる。

こうした「経験」は、学問の維持と展開、同一性とその動態に典型的に見て取ることができる。「科学革命」と呼ばれるような大きなパラダイム転換を除けば、通常、学問はつねに進歩を続けながら、ある学問としての同一性を保ち続けているからである。つまり学問は、その展開の過程で、自己に関連するたびごとに全体に変化する。そのような知が学問である。以下、三点から考察してみよう。

a. 観察的事実の理論依存性

まず、われわれは（裸の）事実を掌握することはできず、一定の意味連関において事実を理解可能なものとして把握する。すなわち、「事実」というものは、それを把握しようとする学問の理論枠組のなかで構成された「理論依存的事実」である。

b．理論が事実によって交替あるいは転覆されることはない

　いま述べた「理論依存的事実」という観点からすると、「新たな事実」の発見に際して、事実は理論内の諸要素の関係化から、回帰的に構成される。すなわち、いかなる「新たな事実」の発見があろうとも、それは理論内部の諸要素連関と相互作用のいわば自己生産的な再生運動のなかから創りだされる理論自身の構造変化を通して、理論の問題解決能力を高めるか、あるいは例外・誤差として処理（無視）される。その結果、理論の首尾一貫性は確保される。したがって、この理論依存的事実は、理論そのものを逸脱することなく、むしろ理論の構成が学問的活動の「規範」となる。

c．理論を再生産し，維持する科学者集団の存在

　このように、理論の構成を「規範」と考えるのであれば、当然、それを遂行する研究者集団の存在というものが浮かび上がってくる。そこには、その集団に属する研究者相互の同意に基づく「共同規範」が存在し、それがその集団における支配的制度となる。さらにここでは、研究者集団の相互主観的構成の所産である「学問」が、その規範化された制度によって研究者集団の研究方向を律すると同時に新たな学問上の事実を創出することとなる。

　このようにして、学問はその動態（展開）と静態（維持）とを同時に実現する。学問は、その学問として進化していくのである。このように「変化しうる」という暫定性において、同一的なるものとして現われることの説明は、われわれにさまざまな示唆を与える。たとえば生命体は、つねに外界との相互交換や内部の新陳代謝といった作動をくり返し、一瞬たりとも静止しないにもかかわらず、一つの統一体としてその同一性を維持している。それは、どうして可能なのだろうか。また、10年ぶりのクラス会で、お互いに「ちっとも変わらない」といって逢うことが、どうして可能なのだろうか。「変化しない」状態がともに変化していく動態、あるいは変化するものを認識するともに変化する主体といった議論がここに立ち上がってくるのである。

結

　われわれの学問は，諸々の事実・実情を適切に記述すべく，その歩みを展開してきた。その際，そのつど「最高」の学問体系ないし理論というものが，思念され，また模索されてきた。それは，絶対的真理の探究であり，普遍理論構築への試みであった。しかし，これまで述べてきたことからあきらかなように，もはやそのような学問的態度というものの隘路が見え隠れしている。われわれは，ここにおいて大きな態度変更が必要かもしれない。

　このように，絶対的真理を求めて，普遍理論を構築するといった試みは，いわば，世界一高いビルを建てるのに際し，世界一高い足場を組む議論となぞらえられる。この議論には，さきに述べたような「自己特権化」の問題が隠されている。すなわち，その世界一高い足場を組むのに必要なさらに世界一高い足場，さらに世界一高い足場……，という最後の外側の根拠というものが，つねに言及されることのないままに前提とされているからだ。世界一正確な定規をはかる定規はどこにあるのだろうか。世界一正確な時計を計測する時計はどこにあるのだろうか。

　ここで，われわれは隠された根拠を用いる（すなわち，自己の立場を特権化する）ことを放棄すべきである。それは，いま挙げた建築物の比喩でいうならば，自らプラス1階を築いていくロボットを考えることで可能となろう。自己が自己を構成するのである。それは，もはや主体と対象，主観と客観という二分図式による論理ではなく，あるいは外部の支えにより，自己を成立させる論理ではない。自らが自らをも対象とする論理である。もはや，自己が特権化されることはない。自己は，自己の論理の対象となる。自己は，自己の経験のなかで対象として現われてくる。自己は，自己として変化し，変化した自己が変化した自己の対象となるのである。《わたし》は，《わたし》として，あきらかに成長・老化しているが，変化し続ける《わたし》においては変わらない《わ

たし》なのである。

　自己が自己を構成するという以上のような態度は，社会的コミュニケーションにおいて日常的に行われていることである。たとえば理論の成果というものは，そのつど現実の社会関係に影響をおよぼし，理論は理論として鎮座するだけでなく，情報としてコミュニケートされる。理論は理論を対象として，理論自身を進化させる。問いを発する主体が，問われる客体として，その対象にあらわれてくるのである。すなわち，われわれは，この社会的コミュニケーションにおいて，自己進化する論理を展開する。それは，無限に続き，止まることがない。もはや，そこには特権的な立場なるものは存在しない。こうした議論は，まさに社会において可能となる。社会的コミュニケーションの中で，社会において生起するものはすべて，コミュニケーションの対象となり，かつコミュニケーションの主体となりうるからだ。社会は社会を記述する。もし，われわれがこのような態度変更を受け入れるのであれば，すべての学問は社会学の対象とされ，この社会において問いに付される。このことを自覚する学問だけが，明示的に，この社会において社会を対象とするのである。これが冒頭で述べた，本章のタイトルである「社会の学問」の意味するところである。

参考文献
H・ヘンドリクス，飛田就一訳，1983,『知のシステム』世界思想社
T・クーン，中山茂訳，1971,『科学革命の構造』みすず書房
N・ルーマン，土方透／大澤善信訳，1996,『自己言及性について』国文社
N・ルーマン，佐藤勉監訳，1993, 1995,『社会システム論』(上／下) 恒星社厚生閣
H・ロムバッハ，円増治之・牧野澄夫・塚本正明訳，1980,『科学論』創文社
W・シュルツ，藤田健治監訳，1978,『変貌した世界の哲学 1』二玄社
F・ヴァレラ，F・マトゥラーナ，河本英夫訳，1991,『オートポイエーシス』国文社
土方　透編著，1990,『ルーマン／来るべき知』勁草書房

■ あとがき ■

　現代社会学が研究対象とすべき問題は無数に存在するが，本書は多様な問題群のなかから重要な11のテーマを取り上げ，それらを四つのパースペクティブとして構成したものである。

　第Ⅰ部「性と年齢へのパースペクティブ」は，人間社会のもっとも基本的な軸である性と年齢に関する二篇の論文からなっている。第1章は，社会・文化的な性差をあらわすジェンダーという概念をキーとして，フェミニズムの理論や社会学的研究を取り上げ，近代における性差別状況の成立と現代におけるその変容，そして「親密な関係性への再編」として将来の方向を示唆する。つづく第2章は，戦後の高齢者福祉政策の変遷をたどり，「日本型福祉社会論」や「社会ミックス論」において，高齢者介護の担い手として誰が想定されているのかを明らかにし，目前に迫った超高齢化社会における日本の高齢者福祉のあり方を展望する。

　第Ⅱ部「家族と地域社会へのパースペクティブ」は，人間が生活していく上で基礎的な集団である家族と地域社会に関する三篇の論文からなっている。第3章は，人口統計的なデータに基づき戦後日本の家族がみせた諸変化のうち，とくに少子・高齢化，ライフコースの変化，および離婚率の上昇などに着目し，「家族の危機」論の妥当性と家族のゆくえについて論じる。次に第4章は，社会生活や地域政治の変化に着目して現代を地域社会の転換期としてとらえ，とくに町内会のリストラクチャリングという観点から，地域社会におけるNPOの活動に注目し，新しい地域社会の形成に対するその可能性について論じる。そして第5章は，都市地域と対照的な状況を示す地域社会として過疎地域を取り上げ，過疎の発生原因とその諸問題について述べ，わが国の過疎対策を批判的に検討した上で，都市化が進む現代日本において過疎地域のもつ意味と再生の可能性を探ろうとする。

第Ⅲ部「学校社会と企業社会へのパースペクティブ」は，現代人の社会生活においてもっとも大きなかかわりをもつ二つの機能的集団，学校と企業に関する三篇の論文からなっている。第6章は，わが国の教育が学歴社会の浸透と閉塞状態にあることを指摘し，学校における暴力，いじめ，不登校，学級崩壊といった諸問題をこの社会状況の帰結ととらえた上で，これを改革するために家庭と地域において大人自身を変革する必要を説く。次いで第7章は，日本的雇用慣行に対する労働者意識の変化を時系列的にみながら，企業の業績主義化のなかで労働者はむしろ「努力主義」を望んでいることを指摘し，単純に業績主義が導入された場合の「不公平」の問題とその克服すべき課題について論じる。これに対して第8章では，余暇の時代的な変化と，今日これほどまでにそれが希求されるようになった社会・経済的背景について論じ，労働時間の短縮化が進むなかで，単なる仕事の休養ではなく，より積極的な意味づけをもった新しい余暇の可能性を追求する。

　第Ⅳ部「現代社会のイメージと社会学へのパースペクティブ」は，人間と社会と学問との関係について「社会学の思索」とでもいうべき原理論的な考究を展開する三篇の論文からなっている。第9章は，行為関連としての社会において，コミュニケーションが社会システムを成り立たせ，また逆に社会システムがそれをつくり出すという両側面に注目し，社会学にとってそのあり方が社会の状態を理解するキーとなっていることを指摘する。つづく第10章は，おもにギデンズの理論に依拠しつつ，現代社会をモダニティの延長線に位置づけながら，その問題性を指摘するとともに，モダニティの現実のなかでわれわれがどう生きるかについて考察する。そして最後に第11章は，学問が追求する事実や真理というものが，絶対的ではなく相対的であり不確定であることを指摘し，それゆえに理論の特権性を排し，研究の主体と客体を二分法的に捉えない観点が社会学にこそ可能であることを説く。

　本書は，「何のための社会学か」という素朴な，しかし社会学を研究しようとする者にとっては根本的な問いかけから出発している。本書の執筆者たちは，

この問いにたとえストレートに答えていなくても，それぞれの領域においてこの問いかけを意識しながら執筆し，それぞれのスタイルでこれに答えているつもりである。本書が，これから社会学を勉強しようとする人々に社会学に対する興味を喚起し，何らかの社会学的パースペクティブを示唆することができるならば幸いである。

　最後になってしまったが，本書は，われわれ執筆者一同の共通の恩師である田野崎昭夫先生の古稀をお祝いして著されたものである。この一書をもって先生の学恩に多少とも報いることができるとするならば，ご指導を賜った弟子としてこれに勝る喜びはない。

2000年3月15日

　　　　　　　　　　　　　　　　　　　　　　　　　　執筆者一同

索　引

あ　行

Iターン	97
アウグスティヌス（A. Augustinus）	175
新しい荒れ	120
新しい社会運動	66
アブセンティーズム	46
アリストテレス（Aristotelēs）	173
家	88
いじめ	112
一夫一妻単婚制	54
イメージ	166
ウェーバー（M. Weber）	106, 192
NPO	66−9, 158
エネルギー革命	88

か　行

皆婚制社会	53
科学革命	224
科学	213
拡大家族	91
学歴社会	107
家族介護	28
過疎	83−84
過疎法	85, 89
学級崩壊	119
カッシーラ（E. Cassirer）	180
家父長制	10
貨幣	189−190, 192, 197
監視	190
異議申立て	137
企業別労働組合	128
擬制	108−169
ギデンズ（A. Giddens）	58, 188
規範	225
規範意識	114, 122
義務教育	106
共感	118
享受	175
業績主義	131
共通善	176
共同規範	225
挙家離村	88
キレる	120
勤続年数	130
近代家族	10, 12, 17
近代の両義性	5
グローバリゼーション	63, 203
軍事力	191
経験	224
継続就業希望者	134
継続就業者	134
ゲーム	180
行為関連	171−172, 179
——のシステム	172
——としての社会	63, 165, 176
公益性	95
公正	137
構成要素	167, 172
公的領域	9
公的介護保健制度	27
高等教育	107
合理化	192
高齢化率	22
高齢社会	22
高齢者保健福祉推進十か年戦略	27
国民国家	190
個人化	201−202
コミュニケーション	119, 164, 168, 172−173
——のデザイン	168
——のネットワーク	177
コミュニティ	98
雇用管理調査	129
コンフルエント・ラブ	16

さ　行

サードセクター	63
再帰性	193−195, 195
再帰的近代化	193
差異性	221
在宅三本柱	26
サービス残業	154

参加型福祉	32
三世代同居型	46
山村	87
Jターン	97
ジェンダー	4, 5, 69, 71
ジェンダー・アイデンティティ	4
ジェンダー関係	7, 8, 16
シカゴ学派	61
自己同一性	218
仕事志向	135
システム	165-166, 214
システムの優位	169
時短システム	151
私的領域	9
事物	166
資本主義	189-190
市民活動	64
市民社会	179
社会性余暇	157-158
就業構造基本調査	134
住民参加	63, 71
住民参加型在宅福祉サービス団体	32
住民投票	63-64
重要な他者	121
主観／客観	216
主体	218
出生コーホート	51
純粋な関係性	15-16
少産少子	45-46, 49, 50, 52
——の世代	51
少子化	90
少子・高齢社会	45
商品化	191-192
情報公開	71, 73
所定外労働時間	151
人口学的世代	46, 1
人口転換	45
人口の高齢化	46
人事考課	136
親密な関係性	13
信頼	198-199
スミス（A. Smith）	179-180
生活世界の植民地化	65
生活の質	93
生産の生活時間配分パターン	147
性の二重規範	13
「性役割論」	7-8
世界	217
セックス	4
ゼマンティーク	58
専門職	109
専門家システム	197-198
善	174
相互行為	171
総合保養地域整備法	92
疎外された労働	146
ソクラテス（Sōkratēs）	173
た 行	
第一波フェミニズム	6
第二波フェミニズム	6
大量生産体制	145
多産少子	45-46
多産少子の世代	51
多産・多死	45, 52
多産多死の世代	51
他品種少量生産	147
単独世帯	48
知識	194-198
直行直帰型	152
地方分権	62
抽象的システム	196-199
長期勤続	128, 134
町内会	67-69
——のリストラクチャリング	70
直系家族	90
賃金格差	130
賃金制度	128, 131
孤立感	115
DID	61, 75
デュルケーム（É. Durkheim）	
	106, 192-193
転職・離職	134
伝統	201
テンニエス（F. Tönnies）	146, 158
同一性	221
登校拒否	115
特定非営利活動促進法	34
都市的生活様式	61
トマス・アクィナス（Thomas Aquinas）	
	175

トロウ（M. Trow）	108	母性	12, 14
な 行		ボーダーレス化	120
二元論	216	ホッブス（T. Hobbes）	178
日本型福祉	28	ボランタリーアクション	65
「日本人の意識」調査	135	**ま 行**	
日本的雇用慣行	128	マイネッケ（F. Meinecke）	175
日本標準産業分類	88	マキャベリ（N. B. Machiavelli）	177
人間疎外	179	マルクス（K. Marx）	146, 189
人間疎外状況	146	マルクス主義フェミニズム	8, 19
年間総実労働時間	148	未婚率	89
年間総労働時間	143	ミルズ（C. W. Mills）	157
年功賃金	128, 130	メディア	197, 203
年功処遇	128	モダニティ	187−188
年次有給休暇	153	**や 行**	
年俸制	132	Uターン	97
農山村	87	余暇を欲する移動	155
ノーマライゼーション	25	余暇	145
ハイ・モダニティ	193	**ら 行**	
パッペンハイム（Pappenheim）	146	ライフスタイル	97
は 行		ラディカル・フェミニズム	10, 18
花嫁不足	89	離婚率の動向	53
晩婚化傾向	49	リゾート	92
非営利団体	31	リゾート開発	92
非婚	50	利用	175
不安定雇用者	110	ルーマン（N. Luhmann）	58
夫婦家族制	48	恋愛結婚	54
夫婦のみ世帯	48	老人福祉法	24
ホワイトカラー	129	老人保健福祉計画	27
不確実性	199−200	労働意欲	135
福祉ミックス論	35	労働環境の変化	148
福祉見直し論	26	労働時間	148
不公平感	131−132	労働時間短縮策	151
不登校	115	労働時間の短縮	149
プラトン（Platōn）	173	労務管理	129
ブルーカラー	129	ローカリゼーション	62
フレックス・サマーバカンス	152	リストラクチャリング	71
フレックスタイム制	152	ロマンティック・ラブ	11, 14, 15
分化	192	**わ 行**	
文化	205	ワークシェアリング	148
方法論的個人主義	216	ワース（L. Wirth）	61
方法論的全体主義	216		
暴力行為	111		
ホームヘルプサービス	26		
ポスト伝統社会	201		
ポスト・モダニティ	193		